Objeções de um rottweiler amoroso

Reinaldo Azevedo

Objeções de um rottweiler amoroso

Copyright © 2014 Três Estrelas – selo editorial da Empresa Folha da Manhã S.A.

Todos os direitos reservados. Nenhuma parte desta obra pode ser reproduzida, arquivada ou transmitida de nenhuma forma ou por nenhum meio sem a permissão expressa e por escrito da Empresa Folha da Manhã S.A., detentora do selo editorial Três Estrelas.

EDITOR Alcino Leite Neto
EDITOR-ASSISTENTE Bruno Zeni
COORDENAÇÃO DE PRODUÇÃO GRÁFICA Mariana Metidieri
PRODUÇÃO GRÁFICA Iris Polachini
CAPA Flavia Castro
IMAGEM DA CAPA Linn Currie/Shutterstock
PROJETO GRÁFICO DO MIOLO E EDITORAÇÃO ELETRÔNICA Mayumi Okuyama
PREPARAÇÃO Lígia Azevedo
REVISÃO Isabel Jorge Cury e Carmen T. S. Costa
ÍNDICE REMISSIVO Alvaro Machado

Dados Internacionais de Catalogação na Publicação (CIP)
(Câmara Brasileira do Livro, SP, Brasil)

Azevedo, Reinaldo
  Objeções de um rottweiler amoroso / Reinaldo Azevedo. –
São Paulo : Três Estrelas, 2014.

  2ª reimpr. da 1ª ed. de 2014
  ISBN 978-85-68493-02-1
  Bibliografia.

  1. Ensaios brasileiros 2. Imprensa – Brasil 3. Jornalismo
4. Literatura 5. Política – Brasil I. Título.

14-09615   CDD-869.94

Índice para catálogo sistemático:
  1. Ensaios : Literatura brasileira   869.94

Este livro segue as regras do Acordo Ortográfico da Língua Portuguesa (1990), em vigor desde 1º de janeiro de 2009.

TRÊS
ESTRELAS

Al. Barão de Limeira, 401, 6º andar
CEP 01202-900, São Paulo, SP
Tel.: (11) 3224-2186/2187/2197
editora3estrelas@editora3estrelas.com.br

Sumário

10 **Introdução**
O alarido da caravana

21 Os 178 beagles
24 Com que roupa?
27 Depredando caravelas
30 STF: Ainda não acabou
33 Puxa-sacos de ladrões!
36 Mentir, conspirar, trair
39 Direita já!
42 O eixo OAB-PT-STF
45 Haddad quebra-ovos
48 Um leninista de toga
51 MSL – O Movimento dos Sem-Lei
54 Mortos sem pedigree
57 Rolezinho e mistificações baratas
60 O "bando de negros e morenos"

63 Aduladores do caos
66 Os debochados de Banânia
69 Eu acuso ou Dilma "red bloc"
72 Assim não dá, Vladimir!
75 Fora do armário
78 Barbosa no tronco
81 Viva a guerra!
84 Gaby Amarantos canta para Dilma
87 1964 já era! Viva 2064!
90 O samba da presidenta doida
93 A derrota de Dilma e o Corisco
96 O voto e a casa da mãe Dilmona
99 O PT começou a morrer. Que bom!
102 Os vivos e os mortos
105 Fabiane e a maçã envenenada
108 Os Pestanas e o terrorismo do PT
111 O nome da baderna é Dilma
114 O Partido do Crime
117 Dilma, mais quatro anos pra quê?
120 Dilma de Caracas
123 O nacional-socialismo petista
126 Black blocs do Carvalho!
129 A derrota da seleção e a de Dilma
132 Dilma simula pênalti: *Schwalbe*!
135 Lula, Boulos e as fantasias burguesas
138 O PT, o eleitor, o Congresso e o capital
141 Ódio a Israel
144 Ladrões de instituições

147 Chute a santa, mas adore Dilma
150 Marina Silva, o colapso do sentido
153 Marina, a tirana de Brasília
156 Dilma, Marina e o diabo

159 Fonte dos textos na *Folha de S.Paulo*
161 Índice remissivo

*Às minhas filhas, Maria Clara e Maria Luíza.
Não porque concordem, mas porque sabem
que honram o nome do pai quando discordam.*

Introdução

O alarido da caravana

"Na semana em que o assunto foram os simpáticos beagles, a *Folha* anunciou a contratação de um rottweiler. O feroz Reinaldo Azevedo estreou disparando contra os que protestam nas ruas, contra PT/PSDB/PSOL, o Facebook, o ministro Luiz Fux e sobrou ainda para os defensores dos animais."

Foi assim que a então ombudsman da *Folha de S.Paulo*, Suzana Singer, saudou minha estreia como colunista do jornal. Meu primeiro texto foi publicado no dia 25 de outubro de 2013; sua coluna é do dia 27. Dada a complexidade da metáfora, suponho que, caso eu tivesse elogiado todos aqueles contra os quais Suzana disse que disparei, teria merecido ao menos o afago reservado aos beagles…

No dia 3 de novembro, Miriam Leitão, em artigo em *O Globo*, aderiu à metáfora de rabo e quatro patas. Também ela, com suavidade característica, acusava minha violência retórica:

> Recentemente, Suzana Singer foi muito feliz ao definir como "rottweiler" um recém-contratado pela *Folha de S.Paulo* para escrever uma coluna semanal. A ombudsman usou essa expressão forte porque o jornalista em questão escolheu esse estilo. Ele já rosnou para mim várias vezes, depois se cansou, como fazem os que ladram atrás das caravanas.

Deve ter sido a primeira vez na história da imprensa em que a colunista de um jornal decidiu censurar a contratação de um colunista por... outro jornal.

Nota: em sete anos e meio de blog até então, com 40.065 textos e 2.286.143 comentários publicados, eu havia feito apenas 29 menções a Miriam: catorze eram meras referências ("Fulano disse para Miriam Leitão que"); em sete das vezes, eu elogiava o trabalho da jornalista; em oito, contestava opiniões suas – contestação pura e simples, sem ofensa. O arquivo está disponível. Observem que ela me chama de cachorro e, para que não pese nenhuma suspeita de que possa estar sendo violenta ou injusta, adverte que faço por merecer, que pedi a porrada e sei por que estou apanhando. Os agressores estão sempre convictos de que suas vítimas pediram o castigo.

Coube a Alberto Cantalice, vice-presidente do PT e homem encarregado, no partido, de mobilizar as redes sociais, a tarefa de tentar trancar no canil aqueles de quem discorda e jogar a chave fora. Em texto publicado no site da legenda em junho de 2014, fez uma lista de nove profissionais da área de comunicação que seriam os "pit bulls do conservadorismo", a saber: "Reinaldo Azevedo, Arnaldo Jabor, Demétrio Magnoli, Guilherme Fiuza, Augusto Nunes, Diogo Mainardi, Lobão, Danilo Gentili e Marcelo Madureira". Como se nota, a única divergência entre Cantalice e as outras duas é quanto à raça do cachorro. No mais, os três concordam. A entidade Repórteres Sem Fronteiras, que defende a liberdade de expressão mundo afora, emitiu um comunicado de protesto. No Brasil, fez-se um silêncio ensurdecedor. Ou nem tanto: um notório colunista de esquerda protestou, sim!

Contra Repórteres Sem Fronteiras! Ou por outra: ele aplaudiu a iniciativa petista.

À contratação deste colunista pela *Folha de S.Paulo*, seguiu-se uma gritaria danada. No próprio jornal, houve quem desse eco à suposição de que ela marcava uma guinada "à direita" do veículo, numa espécie de ensaio para a então vindoura cobertura das eleições.

Há 126 colunistas na *Folha*. Dia desses, eu e dois amigos tentamos identificar quantos poderiam ser considerados não exatamente "de direita", mas, vá lá, identificados com o liberalismo: com algum esforço e alguma licença, chegamos a 10%. Eis a "guinada conservadora"! Imaginem se a *Folha* decidisse ser o espelho do que encontrou o Datafolha, como se pode ler no site do instituto: "48% dos brasileiros se identificam com valores considerados de direita". A esquerda representa apenas 30%, e o centro, 22%.

Um jornal é e deve ser livre para contratar quem quiser. Se achar que é o caso de ter 100% de seus colunistas com opiniões de esquerda, que assim seja; se o contrário, idem. O que estou evidenciando é que a acusação de que eu representaria uma guinada conservadora da *Folha* era só manifestação de intolerância. A mesma demonstrada – e estimulada, com ou sem intenção (é irrelevante) – por Suzana Singer e Miriam Leitão.

Quanto ao senhor Cantalice, dizer o quê? No tempo em que fui editor-adjunto de política ou coordenador da área, na sucursal de Brasília do jornal, o PT nunca reclamou do meu trabalho nem me chamou de cachorro. É que o partido estava na oposição, era uma das principais fontes de informação dos jornalistas para confrontar o governo FHC e sabia que a liberdade de imprensa era fundamental na sua luta para chegar ao poder. O governo tucano não falava em "controle social da mídia" porque não era de sua natureza, e os petistas não tocavam no assunto porque não era de seu interesse. Os "companheiros" só começaram a ver na imprensa "o verdadeiro partido de oposição do Brasil", como costuma acusar Lula, depois que chegaram ao poder. Sigamos.

Explica-se, assim, para os que eventualmente desconheciam essas historinhas nada edificantes, o título deste livro, que tem um quê de galhofa. Se o limite da generosidade dos que discordam de mim é exilar-me num canil, não lhes falta alguma razão para ver neste jornalista não um beagle, mas um rottweiler ou um pit bull: não tenho um olhar pidão, não espero que passem a mão na minha cabeça, não me esforço para ganhar o afeto de estranhos e, sempre que acho relevante, parto para a briga.

Mas falo, não rosno. Escrevo, não lato. Debato, não intimido. Ocorre que há hoje um esforço deliberado de certos setores organizados – e tais vozes, não por acaso, são muito ativas na própria imprensa – para banir o pensamento daqueles de quem divergem. A margem para a discordância nunca foi tão estreita. Tente debater – e Olavo de Carvalho já chamou a atenção para isso num artigo luminoso chamado "Desejo de matar" – com um defensor da legalização ou da descriminalização do aborto, por exemplo. É praticamente impossível. Se, para ele, a eliminação legal do feto é um ato de liberdade e a proibição é uma repressão inaceitável e incompatível com a democracia, não há como persuadi-lo de que essa opinião é também uma escolha moral.

Dada a impossibilidade, lembra Carvalho, de a gente saber quando começa a vida, uma consideração se torna inescapável: "Se há 50% de probabilidades de que o feto seja humano e 50% de que não o seja, apostar nesta última hipótese é, literalmente, optar por um ato que tem 50% de probabilidades de ser um homicídio". E o autor avança:

> Com isso, a questão toda se esclarece mais do que poderia exigi-lo o mais refratário dos cérebros. Não havendo certeza absoluta da inumanidade do feto, extirpá-lo pressupõe uma decisão moral (ou imoral) tomada no escuro. Podemos preservar a vida dessa criatura e descobrir mais tarde que empenhamos em vão nossos altos sentimentos éticos em defesa do que não passava, no fim das contas, de mera coisa. Mas podemos também decidir extirpar a coisa, correndo o risco de descobrir, tarde demais, que era um ser humano. Entre a precaução e a aposta temerária, cabe escolher? Qual de nós, armado de um revólver, se acreditaria moralmente autorizado a dispará-lo, se soubesse que tem 50% de chances de acertar numa criatura inocente? Dito de outro modo: apostar na inumanidade do feto é jogar no cara ou coroa a sobrevivência ou morte de um possível ser humano.

Reproduzo o trecho porque creio que estamos diante de um caso exemplar de argumentação não dogmática. Notem que Carvalho não dedica nem uma miserável linha a demonstrar ou a humanidade ou inumanidade do feto. O dilema nasce da dúvida, e é esta que põe em relevo a escolha moral. É irrespondível. Isso explica por que a defesa da legalização do aborto repudia esse terreno e, há muito, desertou do campo da ciência para o dos chamados "direitos sociais". Afinal, num embate sobre relações de poder, é aceitável – e até desejável – que a liberdade individual seja um dogma, não é mesmo? No Brasil – como esquecer? – os ousados "progressistas" foram ainda mais longe: de forma inédita, tentaram transformar a legalização do aborto num dos "direitos humanos"... Nunca antes na história deste mundo!

Cito o caso do aborto, mas é claro que esse não é o único tema que se pretende tirar do terreno das escolhas morais. A morte do socialismo deixou as esquerdas órfãs de uma base material. Com a mesma convicção com que um marxista do século XX afirmava que a coletivização dos meios de produção era o desdobramento natural da civilização, uma etapa posterior e inexorável do capitalismo e a saída possível para livrar o planeta e a humanidade da barbárie e do colapso, os esquerdistas contemporâneos – exibam eles a carranca do PT e do PSOL ou os xales de Marina Silva – asseguram que sua agenda está acima das divergências porque se trataria de escolher ou o progresso ou o atraso; ou o avanço ou a reação; ou, lá vamos nós, o "Bem" ou o "Mal".

Ora, sendo assim, para que debater? Uma coisa, convenham, é divergir sobre escolhas benignas: podemos discordar sobre a eficácia de determinadas medidas, tempo de maturação, alcance, profundidade, oportunidade, riscos colaterais etc. Existe, em suma, uma prática que costumo definir como "confronto afirmativo" de ideias: nenhum dos contendores parte do princípio de que o outro está tentando sabotar as necessárias mudanças ou as medidas para corrigir distorções, injustiças, desigualdades.

Quando, no entanto, num regime democrático, infere-se que adversários representam um passado que não quer passar; que falam apenas em defesa de privilégios inaceitáveis; que representam uma ordem que busca, de modo deliberado, impedir o nascimento do futuro, aí, meus caros, o que se está buscando é obter uma licença para eliminar do embate público o "outro que diverge", para cassar sua voz, para excluí-lo do mundo dos vivos. Recorrer à metáfora do cachorro – cumpre jamais perder de vista o título deste livro –, obviamente, não é a expressão de uma divergência, mas uma forma de deslegitimação do oponente. O conteúdo de suas objeções estaria abaixo da necessária humanidade para que pudesse ser admitido no círculo das pessoas decentes.

O mais curioso – e, em certa medida, espantoso – é que miro tudo o que escrevi e escrevo em meu blog, hospedado em Veja.com, na própria revista e na *Folha* ou os comentários que faço no programa *Os Pingos nos Is*, na rádio Jovem Pan, e nada encontro que esteja fora dos parâmetros estabelecidos pela Constituição e pelas leis do país – e isso pode, efetivamente, fazer de mim um conservador. Raramente me dedico a acusar este ou aquele de ter cometido crimes; como costumo dizer, investigo ideias e sua filiação política, não procedimentos criminosos. Com frequência, prefiro cobrar o efetivo cumprimento da legislação que nos une a propor mudanças que nos empurrem para confrontos.

Estou entre aqueles que acreditam que o descumprimento da ordem legal em nome da justiça costuma fabricar injustiças novas e abrir a vereda para o vale-tudo.

Adiante, vocês encontrarão os textos que publiquei na *Folha* entre 25 de outubro de 2013 e 5 de setembro de 2014. Não os escrevi para que gostassem de mim – há pessoas o suficiente que gostam. Não os escrevi para que desgostassem de mim – há pessoas o suficiente que desgostam. Não os escrevi, acreditem, com o objetivo de convencer quem quer que seja: não sou profeta, doutrinador ou prosélito de uma causa. Eu os escrevi porque traduzem o que penso e porque, creio, ao fazê-lo, amplio o espaço da liberdade.

Os dias andam um tanto brutos. O "fascismo de esquerda", como o definiu o jornalista americano Jonah Goldberg, raramente foi tão feroz. Ele se organiza em verdadeiras milícias, influentes o bastante para transformar em necessidades universais reivindicações particulares – de caráter, às vezes, escancaradamente corporativo. Resistir a essas ondas não é fácil, mas pode ser muito prazeroso. Denunciar as construções mentais e os raciocínios falaciosos dos intolerantes que pretendem ter o monopólio da tolerância passou a ser um dever.

E o que fazer da ofensa, da grosseria e do grotesco? Repeli-los sempre, mas dando o troco em outra moeda. "Au fond, le monde est fait pour aboutir à un beau livre", escreveu Mallarmé. No fundo, o mundo foi feito para acabar num belo livro. É o que pensa este rottweiler amoroso.

Os 178 beagles

As ruas, ente divinizado por covardes, pediram o fim do voto secreto para a cassação de mandatos. Boa reivindicação. O Congresso está a um passo de extinguir todas as votações secretas, o que poria o Legislativo de joelhos diante do Executivo. Proposta de iniciativa "popular" cobra o financiamento público de campanha, o que elevaria o volume de dinheiro clandestino nas eleições e privilegiaria partidos ancorados em sindicatos, cujas doações não são feitas só em espécie. Cuidado! O povo está na praça. Nome do filme dessa mímica patética: *Os 178 beagles*.

Povo não existe. É uma ficção de picaretas. "É a terceira palavra da Constituição dos Estados Unidos", oporia alguém. É fato. Nesse caso, ele se expressa por meio de um documento que consagra a representação, única forma aceitável de governo. Se o modelo representativo segrega e não muda, a alternativa é a revolução, que é mais do que alarido de minorias radicalizadas ou de corporações influentes, tomadas como expressão da verdade ou categoria de pensamento.

A fúria justiceira dos bons pode ser tão desastrosa como a justiça seletiva dos maus. Quem estava nas ruas? A imprensa celebrou os protestos como uma "Primavera Árabe" nativa. Nem aquela rendeu flores nem o Brasil é uma ditadura islâmica. Até houve manifestações contra o governo, mas todas foram a favor do "regime petista". O PSDB talvez tenha imaginado que aquele "povo" – sem pobres! – faria o que o partido não fez em onze anos: construir uma alternativa. Sem valores também alternativos aos do Partido do Poder, esqueçam.

Há onze anos o PT ataca sistematicamente as instituições, quer as públicas, quer as privadas mas de natureza pública, como a imprensa. Dilma ter sofrido desgaste (está em recuperação) não muda a natureza dos fatos. Da interdição do direito de ir e vir à pancadaria e ao quebra-quebra como forma de expressão, passando pela reivindicação de um Estado-babá, assistiu-se nas ruas a uma explosão de intolerância e de ódio à democracia que o petismo alimentou e alimenta. O Facebook não cria um novo ator político. Pode ser apenas o velho ator com o novo Facebook – como evidenciou a Irmandade Muçulmana no Inverno Egípcio.

Em política, quando o fim justifica os meios, o que se tem é a brutalidade dos meios com um fim sempre desastroso. A opção moralmente aceitável é outra: os meios qualificam o fim. Querem igualdade e mais justiça? É um bom horizonte. Mas será o terror um instrumento aceitável, ainda que fosse eficaz? Oposição, governo e imprensa, com raras exceções, se calaram e se calam diante da barbárie que deseduca e que traz, volte-se lá ao primeiro parágrafo, o risco do atraso institucional.

O PSOL conduziu uma greve de professores contra o excelente plano de carreira proposto pela Prefeitura do Rio. Era a racionalidade contra a agenda "revolucionária". Luiz Fux, do STF, posando de juiz do trabalho, chamou os dois para conversar. É degradação institucional com toga de tolerância democrática.

O sequestro dos beagles, tratado com bonomia e outro-ladismo pelo jornalismo, é um emblema da ignorância dos justos e da fúria dos bons. Eles atrasaram em dez anos o desenvolvimento de um remédio contra o câncer, mas quem há de negar que os apedeutas ilustrados têm um grande coração?

25/10/2013

Com que roupa?

A um ano da eleição, a situação de Dilma Rousseff é muito menos confortável do que alardeia o PT. Mais Médicos, leilão do pré-sal, crédito para beneficiários do Minha Casa, Minha Vida, onipresença nas TVs, reação à suposta espionagem dos Estados Unidos, o que excita o ressentimento nacionalista de exaltação… Está na casa dos 40% das intenções de voto. A tibieza dos adversários, mais do que a força da petista, é que projeta um futuro. Quem é entusiasta de Dilma? Muita gente quer mudar. Mas com que roupa?, perguntaria o sambista. Eis o busílis.

Governos, a teoria não é minha, se impõem por um misto de consenso e coerção, ora se sobressaindo um, ora outro. FHC e Lula, a seu respectivo modo, criaram o primeiro. A Dilma, sem um Plano Real como redutor de diferenças ou uma conjuntura externa favorável, sobrou a segunda. A coerção, que é da natureza do Estado e dos governos, tem sua eficácia, mas é de alcance limitado. É o consenso entre os pares, obra da política, que dá feição à gestão. E isso não há. O governo é medíocre. O momento é propício a mudanças.

Mas quais são as opções no mercado de ideias? O PSDB permitiu que sua história e suas notáveis conquistas fossem sequestradas pelo PT. Progressista demais para ser conservador e conservador o bastante para ser progressista, tenta conciliar paternalismo e administrativismo numa narrativa que, até agora, é ignorada por parcela considerável do próprio eleitorado de oposição. Por que os não petistas que escolheram Dilma em 2010 deveriam escolher um tucano em 2014? Essa pergunta precisa de resposta.

Marina Silva e Eduardo Campos se oferecem como opção a quem quer outra "posição", mas não a "oposição". Com isso, pode-se abrir uma boa ONG de trocadilhos. Prometem o melhor de FHC com o melhor de Lula. E se o cruzamento fosse malsucedido e se desse o contrário? Em entrevista à *Folha*, o economista Eduardo Giannetti, um dos interlocutores de Marina, afirmou: "Crescer 7% destruindo patrimônio ambiental é muito pior do que se crescer 3% preservando patrimônio ambiental e, na medida do possível, melhorando as condições de vida. O crescimento em si não é o objetivo". No *Roda Viva*, disse a líder da Rede: "Hoje, quando se fez a pesquisa do Datafolha perguntando se as pessoas preferiam pagar um pouco mais caro pelos alimentos em lugar de ver a floresta desmatada, cerca de 95% das pessoas disseram que sim".

Não se tomam aqui essas falas como programa de governo. Pensem, no entanto, no efeito devastador que podem ter em campanha. Na ponta, afrontam necessidades elementares dos mais pobres; na origem, vocalizam o velho contraste entre natureza e civilização. Mesmo fraca, Dilma só enfrenta "posições", sem oposição. Bom para ela. Ruim para o país.

EU, HEIN, ROSA!?

"Liberdade é, apenas e exclusivamente, a liberdade dos que pensam de modo diferente." A frase já foi um clichê na boca de esquerdistas que se opunham ou à ditadura ou a supostos consensos que, na democracia, não eram do seu agrado. Poderia ter sido dita pela liberal-libertária Ayn Rand, mas a autora é a comunista Rosa Luxemburgo. Confrontava Lênin, que mandou às favas a Assembleia Constituinte. No seu equívoco, Rosa tinha a honestidade dos ingênuos, mas revoluções são conduzidas pelo cálculo dos cínicos. A liberdade perdeu. A múmia de Lênin fede. Seu cadáver ainda procria.

1/11/2013

Depredando caravelas

Que bom que os excluídos do mercantilismo, a primeira globalização, não decidiram depredar as caravelas gritando "uhu", "uhu"! O único mídia-ninja presente ao evento, em espírito ao menos, era Camões, caolho e meio marginal. Em *Os lusíadas*, ele ouve o "outro lado". Quem conhece o poema sabe que o Velho do Restelo advertiu os portugueses: "Vai dar tudo errado!". Sempre há um reacionário para rosnar pessimismos.

Depois de flertar com os black blocs, o Planalto anuncia a disposição de enfrentá-los. Sem muita convicção. É que alguns pensadores estão convencidos de que os mascarados representam a reação humanista à atual fase de dominação do capital. Marginalizados pelo processo, eles desafiariam com sua destruição criativa o economicismo sem rosto da nova globalização. Depois que o socialismo acabou, restou às esquerdas a luta sem classes. Para elas, as vanguardas de opinião, não mais a extinta classe operária, é que portam o futuro, organizadas segundo "ismos" de suposto valor universal. Marxistas de fato morrem de tédio.

O capital incorporou e sustenta a militância. O "sedizente" neomarxista Slavoj Žižek pode até emprestar algumas prosopopeias e metáforas aos "ativistas", mas quem financia as causas, aqui e mundo afora, é o multibilionário George Soros. É fato, não teoria conspiratória. Há esquerdistas em penca nos institutos culturais dos grandes bancos, por exemplo, mas não em Pequim.

A guerra promovida pelas minorias organizadas se dá na esfera dos valores, é cultural. Seu campo privilegiado de batalha são as redes sociais. Já os "black blocs" – que, segundo Caetano Veloso, "fazem parte" (sei lá do quê) – são admirados por sua prontidão para o confronto físico, por seu muque, por sua descrença nas palavras. A truculência desorganizada das ruas seria uma resposta à violência institucional do Estado. Neste novo mundo, pode-se ser "fascista" por comer um bife, mas não por rachar cabeças; por se opor às cotas raciais, mas não por depredar o Parlamento; por admitir o uso de animais em laboratórios, mas não por considerar "coisa" o feto humano.

Na quarta-feira, o Instituto Royal, o dos "simpáticos beagles", anunciou o fechamento das portas. Militantes não querem mais que estudantes de medicina treinem traqueostomia em porcos. Médicos teriam de praticá-la, pela primeira vez, em humanos. Na nova ordem, o homem é o porco do homem. Nem George Orwell foi tão longe.

Pululam na imprensa candidatos a Jean-Paul Sartre desse humanismo estrábico. Falam de certo *malaise* social, de um mal-estar subterrâneo, de que os baderneiros seriam a manifestação visível. São obcecados pela tese de que o crime é um sintoma indesejável, mas fatal, da luta por justiça e de que o bandoleiro é só a expressão primitiva do libertador. Marcola seria, então, um Lênin que cometeu os crimes errados. Voltam-se até contra o PT, mas não por abrigar falanges da intolerância, financiadas com dinheiro público. Ao contrário! O partido, advertem, não teria avançado o bastante na agenda dos ditos vanguardistas. Cobram ainda mais intolerância.

Alguém indagaria: "Mas por que o país não pode ser entregue às vanguardas de opinião? Que mal há nisso?". Quem disse que não? Era o que Robespierre tinha na cabeça.

Caravelas… Globalizaram a escrita, a matemática, a astronomia, a física… "Mas também a gripe, a sífilis, a fé, a lei e o rei", gritam os justos. Ora, também sou justo. O pecado original foi sair da caverna. Uhu.

8/11/2013

STF: Ainda não acabou

O STF decidiu que as penas impostas aos condenados do mensalão podem ser executadas imediatamente, excetuando-se as partes que suscitaram embargos infringentes ainda pendentes ou que motivaram embargos de declaração acolhidos. Oito anos e cinco meses depois da denúncia de Roberto Jefferson, o país verá alguns culpados na cadeia, em regime fechado ou semiaberto – que também é fechado. Deu-se um passo contra a impunidade. Delúbio Soares errou. Nem tudo acabou em piada de salão. Ele vai em cana. Aplauda-se o certo, descartem-se falácias e se façam advertências.

É falaciosa a tese de que, nesse julgamento, ignorou-se o suposto fundamento constitucional do duplo grau de jurisdição. O que a Constituição garante, no artigo 5º, é o direito ao contraditório e à ampla defesa, e isso houve. Também é improcedente a afirmação de que o julgamento viola o Pacto de San José da Costa Rica, que prevê o "direito de recorrer da sentença a juiz ou tribunal superior". Quem é o Supremo do Supremo? O Senhor Deus? A ser assim, extingam-se as ações penais de competência originária dos tribunais superiores.

Não menos falsa é a suposição de que se condenou sem provas, especialmente por corrupção passiva e ativa. Basta ler o caput dos artigos 317 e 333 do Código Penal para constatar: a expectativa ou a promessa de benefício indevido em razão de cargo ou função já constitui ato de ofício. E não! A Teoria do Domínio do Fato não é novidade no Brasil. Como já demonstrou em artigo a professora Janaina Paschoal, da USP,[*] aplicaram-se os fundamentos do "concurso de agentes", de sólida tradição no nosso direito. Claus Roxin, o alemão, se ocupou da Teoria do Domínio da Organização Criminosa, que é outra coisa. No geral, o STF andou bem. Não porque tenha ouvido a voz das ruas, mas porque ouviu a voz das leis.

O patético, no entanto, teve lugar. Na quarta, Ricardo Lewandowski decidiu afrontar os números naturais. Por 7 a 4, o plenário recusou um dos embargos de declaração, mas o ministro aconselhou que se acatasse a vontade da minoria. Não menos especiosa foi a divergência aberta por Teori Zavascki, vitoriosa por 6 a 5! Para ele, quaisquer embargos infringentes obstam o trânsito em julgado da condenação, mesmo quando improcedentes porque não originados por quatro votos divergentes.

E o mais tenso está por vir: os embargos infringentes que podem resultar na diminuição das penas de José Dirceu, José Genoino, Delúbio e João Paulo Cunha. Nesta quarta, em voto quase todo sensato, Luís Roberto Barroso voltou a observar que a corrupção é um mal que atinge todos os partidos. Não faz tempo, ao negar provimento a um recurso de Genoino, exaltou a biografia do condenado. Referia-se ao guerrilheiro que tentou instaurar uma ditadura comunista no Brasil.

---

[*] Leia o artigo de Janaina Conceição Paschoal no blog do autor em Veja.com. Disponível em: is.gd/2it4Zv.

Tem-se a impressão, às vezes, de que o STF é um tribunal vigiado por um olho externo, por um ente de razão que não é, à diferença do que se diz, a opinião pública. Quando um Natan Donadon é preso, ninguém sente a necessidade, ainda bem!, de condenar toda a política para condenar um político. Quando os réus são do PT, sempre aparece alguém para lembrar as culpas de todos nós. Tão ruim quanto um Supremo que cedesse ao alarido das ruas seria um Supremo que cedesse a cochichos ideológicos. Fiquem atentos. O julgamento ainda não acabou.

15/11/2013

Puxa-sacos de ladrões!

No Brasil, não há presos políticos, mas políticos presos. A diferença entre uma coisa e outra é a que existe entre a ditadura cubana, que o governo petista financia, e a democracia, que o petismo difama. Se, no entanto, houvesse, a carcereira seria Dilma Rousseff. Ela pode fazer o STF sair com a toga entre as pernas. Basta evocar o inciso 12 do artigo 84 da Constituição: "Compete privativamente ao presidente da República [...] conceder indulto e comutar penas, com audiência, se necessário, dos órgãos instituídos em lei". Também vale para "presidentas".

Paulo Vannuchi, um devoto da democracia à moda de Carlos Marighella, comparou a condenação de José Dirceu à extradição de Olga Benário. É? Foi o STF que autorizou o envio para a Alemanha nazista de uma judia comunista. O fascistoide Getúlio Vargas, hoje herói das esquerdas, poderia ter impedido o ato obsceno. Deu de ombros. Que Dilma não cometa o mesmo erro e liberte a súcia de heróis. Ironia não tem nota de rodapé – ou vira alfafa.

Está em curso um processo inédito de satanização do Judiciário. A sanha difamatória, na semana em que se comemora o Dia da Consciência Negra, não poupa nem a cor da pele de Joaquim Barbosa. Racistas virtuosos acham que ele se comporta como um "negro de alma branca". Lula lhe teria feito um favor, e ele não beija a mão de nhonhô...

Protestar contra os três dias de regime fechado para José Genoino é do jogo. Intimidar o Judiciário é delinquência política. A doença do petista é real; a construção do mártir é uma farsa. No dia da prisão, ele recusou exame médico preventivo no IML. Era parte da pantomima do falso herói trágico. Barbosa não cometeu uma só ilegalidade. A gritaria é fruto da máquina de propaganda do PT, que se aproveita da ignorância específica de jornalistas. Não são obrigados a saber tudo; o problema, em certos casos, é a imodéstia...

Um dos bons fundamentos do cristianismo é amar o pecador, não o pecado. Fiel à tradição das esquerdas, o PT ama é o pecado mesmo. O pecador é só o executor da tarefa em nome da causa. Leiam a peça *As mãos sujas*, de Sartre, escrita antes de o autor se tornar um comunista babão. É esquemática, mas vai ao cerne do surrealismo socialista.

Alguns de nossos cronistas precisam ler. Outros precisam ler Padre Vieira. No "Sermão do bom ladrão", ele cita a descompostura que Alexandre Magno passou num pirata. O homem responde ao Lula da Macedônia: "Basta, senhor, que eu, porque roubo em uma barca, sou ladrão, e vós, porque roubais em uma armada, sois imperador?". Vieira emenda: "Assim é. [...] o roubar com pouco poder faz os piratas, o roubar com muito, os Alexandres".

Na quarta, uma reportagem de Flávia Foreque, no site da *Folha*, foi ao ponto. Um grupo de deputados do PT visitou os varões de Plutarco na Papuda. Parentes de presos sem pedigree ideológico começaram a xingar os petistas: "Puxa-saco de ladrões!". A deputada Marina Sant'Anna (PT-GO) quis dialogar.

Sem sucesso. A mulher de um dos piratas resumiu: "Qual é a diferença [entre presos do mensalão e os demais]? Só porque tem nível superior, porque roubou do povo?". Vieira via diferença, sim. Os bacanas são mais covardes.

Indulto já, presidente! Até porque, entrando no 12º ano de governo e com mensaleiros em cana, o PT descobriu a precariedade das prisões. Este ano vai terminar com uma queda de 34,2% no valor destinado ao Plano Nacional de Apoio ao Sistema Prisional: R$ 238 milhões, contra R$ 361,9 milhões em 2012. Nas cadeias, só havia piratas "pobres de tão pretos e pretos de tão pobres". Agora há os Alexandres vermelhos, mas não de vergonha.

22/11/2013

Mentir, conspirar, trair

O PT nem inventou a corrupção nem a inaugurou no Brasil. Mas só o partido ousou, entre nós, transformá-la numa categoria de pensamento e numa teoria do poder. E isso faz a diferença. O partido é caudatário do relativismo moral da esquerda. Na democracia, sua divisa pode ser assim sintetizada: "Aos amigos tudo, menos a lei; aos inimigos nada, nem a lei". Para ter futuro, é preciso ter memória.

Eliana Tranchesi foi presa em 2005 e em 2009. Em 2008, foi a vez de Celso Pitta, surpreendido em casa, de pijama. Daniel Dantas, no mesmo ano, foi exibido de algemas. Nos três casos, e houve uma penca deles, equipes de TV acompanhavam os agentes federais. A parceria violava direitos dos acusados. Quem se importava? Lula batia no peito: "Nunca antes na história deste país se prendeu tanto". Era a PF em ritmo de *Os ricos também choram*.

Ainda que condenados em última instância, e não eram, o espetáculo teria sido ilegal. Ai de quem ousasse apontar, como fez este escriba (os arquivos existem), o circo fascistoide! Tornava-se alvo da fúria dos "espadachins da reputação alheia", era acusado de defensor de endinheirados. Procurem um só intelectual petista – como se isso existisse... – que tenha escrito uma linha contra os exageros do "Estado repressor". Ao contrário! Fez-se, por exemplo, um quiproquó dos diabos contra a correta 11ª Súmula Vinculante do STF, que disciplinou o uso de algemas. "A direita quer algemar só os pobres!", urravam.

Até que chegou a hora de a trinca de criminosos do PT pagar a pena na Papuda. Aí tudo mudou. O gozo persecutório cedeu à retórica humanista e condoreira. Acusam a truculência de Joaquim Barbosa e a espetacularização das prisões, mas não citam, porque não há, uma só lei que tenha sido violada. Cadê o código, o artigo, o parágrafo, o inciso, a alínea? Não vem nada.

Essa mentalidade tem história. Num texto intitulado "A moral deles e a nossa", Trótski explica por que os bolcheviques podem, e devem!, cometer crimes, inaceitáveis apenas para seus inimigos. Ele imagina um "moralista" a lhe indagar se, na luta contra os capitalistas, todos os meios são admissíveis, inclusive "a mentira, a conspiração, a traição e o assassinato".

E responde:

> Admissíveis e obrigatórios são todos os meios, e só eles, que unam o proletariado revolucionário, que encham seu coração com uma inegociável hostilidade à opressão, que lhe ensinem a desprezar a moral oficial e seus democráticos arautos, que lhe deem consciência de sua missão e aumentem sua coragem e sua abnegação. Donde se conclui que nem todos os meios são admissíveis.

O texto é de 1938. Dois anos depois, um agente de Stálin infiltrado em seu séquito meteu-lhe uma picaretada no crânio. Sinistra e ironicamente, a exemplo de Robespierre, ele havia escrito a justificativa (a)moral da própria morte. Vejam ali. Conspirar, mentir, trair, matar... Vale tudo para "combater a opressão". Só não é aceitável a infidelidade à causa. Pois é...

José Dirceu quer trabalhar. O "consultor de empresas privadas" não precisa de dinheiro. Precisa é de um hotel. Poderia fazer uma camiseta: "Não é pelos R$ 20 mil!". Paulo de Abreu, que lhe ofereceu o, vá lá, emprego, ganhou, nesta semana, o direito de transferir de Francisco Morato para a avenida Paulista antena da sua Top TV, informou Júlia Borba na *Folha*. O governo tomou a decisão contra parecer técnico da Anatel, com quem Abreu tem um contencioso razoável. Dizer o quê? Lembrando adágio famoso, os petistas não aprenderam nada nem esqueceram nada.

Aos amigos tudo, menos a lei. Aos inimigos, José Eduardo Cardozo e Cade. É a moral deles.

29/11/2013

Direita já!

Atentemos para o país que está à volta da Papuda, ou acabaremos reféns daquele Nosferatu, o morto-vivo que insiste em roubar nosso vigor, nosso tempo e o espaço do colunista. Por mim, ele trabalharia é no Hotel Califórnia, o da lendária música dos Eagles, onde se pode entrar, mas não sair. Mas nada de certos aromas densos… Quem não conhece a canção tem agora a chance. Essa é do baú. Coisa de velho, meninos! Adiante.

O autor destas mal traçadas ficará feliz se estiver errado. Avalia que a presidente Dilma Rousseff vai se reeleger no ano que vem. Como não vê vantagem em confundir seu gosto pessoal (não votará nela de jeito nenhum!) com os fatos, escreve o que acha. A razão de seu realismo, nunca de seu desencanto, é que não acredita em candidatura de oposição sem valores de oposição.

Segundo pesquisa Datafolha, publicada pela *Folha* no domingo, no cenário mais provável, se a disputa fosse hoje, Dilma seria reeleita no primeiro turno, com 47% dos votos. Aécio Neves ficaria em segundo, com 19%. Em terceiro, viria Eduardo Campos, com 11%. Há, como sempre, tempo bastante para o inesperado, mas ele é insuficiente para plasmar uma nova esperança.

Que nova esperança? Em todo o mundo democrático, pobre ou rico, partidos da direita democrática, mais conservadores ou menos, disputam o poder e são bem-sucedidos.

Depois de algum tempo, perdem para os "progressistas", que serão apeados mais adiante. A democracia não é finalista. Seu fim é uma economia dos meios. É modorrenta e fria. Política quente resulta em guilhotina, linchamento, suicídio, paredão ou condenação ao atraso eterno. A democracia é o regime dos homens aborrecidos. Também é coisa de velho. Por que nós a queremos? Para mantê-la.

O Brasil insiste em ser a exceção. A elite intelectual e a imprensa não sabem ou fingem não saber – pouco importa se é burrice ou má-fé – a diferença entre direita democrática e extrema direita. Sufocam o debate com sua ignorância bem-intencionada, com sua má-fé ignorante e, às vezes, até com seu humor iletrado.

Extrema esquerda e esquerda divergem nos métodos, não na ambição de subordinar a sociedade a um ente de razão que, num primeiro momento, a domine e, depois, a substitua, pouco importando se pensam num partido ou num conselho de sábios. Já a extrema direita é o avesso da direita democrática; a diferença é de essência, não de grau, como já demonstrou Olavo de Carvalho. Isso é história, não opinião. Procurem os respectivos manifestos dos vários fascismos do século XX. Seu verdadeiro inimigo é o liberalismo, não o comunismo, no qual os fascistas sempre reconheceram o queixo de papai... "Direita", no entanto, virou palavrão no Brasil. Na academia, o liberalismo é tratado como sinônimo de exclusão social.

Ocorre que a maioria da população, já evidenciou o Datafolha, se identifica mais com valores ditos de "direita" do que de "esquerda". Mas inexistem por aqui os republicanos, os conservadores ou os democratas-cristãos. As referências de progresso social e político de alguns dos nossos intelectuais não são os Estados Unidos, o Reino Unido ou a Alemanha, mas a Venezuela, o Equador e Cuba.

Há muito tempo a oposição é prisioneira dessa falácia e não só evita o confronto de valores como aceita que o PT seja seu juiz ideológico. Ao disputar o poder, perde-se num administrativismo etéreo. Alguns cronistas, achando que a rendição é insuficiente, recomendam-lhe que vá ainda mais para a esquerda e tente tomar do PT a bandeira do distributivismo da pobreza. Seria seu último suspiro.

"Você reclama do quê? O modelo funciona!" Quem dera! Teríamos ao menos uma escola melhor do que a do Cazaquistão. Mas ela é pior.

Direita já! Em nome do futuro.

6/12/2013

O eixo OAB-PT-STF

OAB, STF e PT resolveram se juntar contra a democracia. O tribunal está prestes a declarar inconstitucional a doação de empresas para campanhas eleitorais, aprovada em 1993, e a restringir a de pessoas físicas. Se acontecer, o primeiro e óbvio efeito será o aumento brutal do caixa dois. O sistema político voltará à clandestinidade da qual havia parcialmente saído há vinte anos e que resultou, por exemplo, no Collorgate. Essa "conspiração dos éticos" de calça curta chega a ser asquerosa. Trata-se de um truque vulgar na América Latina bolivarianizada. Na região, não se dão mais golpes com tanques, mas com leis. Usa-se a democracia para solapá-la. E o Judiciário tem sido peça fundamental da delinquência política.

Se o financiamento não pode ser privado, terá de ser público. O STF, que não foi eleito para legislar, definirá que o Congresso é livre para fazer a escolha única. O "novo constitucionalismo" é só bolivarianismo com sotaque praieiro. Engana trouxas com seu jeitinho beagle de ser. Um rottweiler do Estado democrático e de direito logo reage. O PT já havia tentado extinguir as doações privadas. Não deu certo. Agora a OAB, que pede a inconstitucionalidade da atual lei, serve-lhe de instrumento para o golpe togado, no tapetão. O que o partido tem com isso? Explica-se.

Numa argumentação confusa, preconceituosa, Luiz Fux, o relator, vituperou contra a participação do dinheiro privado em eleições. Ele acha que o capitalismo distorce a democracia, cantilena repetida por outros. Falta-lhes bibliografia para constatar que, felizmente, a democracia é que distorceu o capitalismo. Fux sustenta que partidos com mais financiamento privado têm mais votos. Toma o efeito como causa: quem tem mais votos é que tem mais financiamento privado. Sob a lei atual, uma legenda com então seis anos de existência, o PSDB, venceu a eleição presidencial de 1994 e se reelegeu em 1998. Em 2002, perdeu para outra, nascida nanica em 1980: o PT. Está em seu terceiro mandato.

A consequência natural do acolhimento da ADI (Ação Direta de Inconstitucionalidade) é o financiamento público. Os petistas apresentarão uma emenda popular com esse conteúdo. É operação casada com a OAB. Como distribuir o dinheiro? Ou o critério seria o tamanho da bancada na Câmara ou o número de votos na eleição anterior. O principal beneficiado seria o PT. Uma vantagem presente e transitória seria transformada em ativo permanente.

Sindicatos, movimentos sociais e ONGs já atuam como cabos eleitorais do PT, e a massiva propaganda institucional é mera campanha eleitoral disfarçada. O partido quer agora que a supremacia alcançada ao longo de vinte anos de financiamento privado impeça seus adversários de tentar o mesmo caminho. Eles se tornariam reféns do status alcançado pelo petismo.

Há um aspecto adicional: partidos que têm de se financiar na sociedade obrigam-se a dialogar, a estabelecer pactos, a modular a ação segundo os valores da comunidade que pretendem governar. Se o dinheiro é garantido por um cartório, amplia-se o espaço de seu arbítrio, não de sua independência.

Fux atribuiu até a ainda pequena presença de mulheres na política ao financiamento privado. Sei. O capital é feio, sujo, malvado e machista. É um caso de falácia lógica, sintetizada na expressão latina *post hoc ergo propter hoc* – ou: "depois disso, logo, por causa disso". Dilma é presidente "apesar do capital" ou "por causa do capital"? Nem uma coisa nem outra. As duas conclusões são estúpidas. De resto, de 1994 a esta data, na vigência do financiamento privado, o número de mulheres na política aumentou. Por causa dele ou apesar dele?

P.S.: "Você já elogiou o STF e agora ataca." Desculpem este modo de ser: quando gosto, digo "sim"; quando não, "não". Parece exótico?

13/12/2013

Haddad quebra-ovos

O prefeito de São Paulo, Fernando Haddad, do PT, espalhou faixas exclusivas de ônibus cidade afora, onde são e onde não são necessárias. Pragmatismo é coisa de gente chulé. Pensadores lidam com conceitos e com abstrações que estão acima da contingência e livres do império da necessidade. Haddad quer ver triunfar um valor: o "coletivo". Pretende, com o didatismo da porrada, ensinar a essa gente inzoneira que o individualismo é uma chaga moral.

Se a vida dos motoristas – convencidos a comprar carro pelo crédito fácil estimulado por Lula e Dilma – virou um inferno pior do que antes, que migrem para o transporte público. O prefeito sabe "que não se faz omelete sem quebrar ovos", frase que não é de Stálin, mas de Nadejda Mándelstam, casada com o poeta Óssip Mándelstam, um dos 35 milhões que o ditador matou. Nadejda se referia à sem-cerimônia com que o bigodudo eliminava pessoas, sempre "com a desculpa de que construíamos um notável mundo novo".

Haddad tem a convicção, percebi pelas entrevistas que concedeu à *Folha* e ao *Valor*, de que está construindo uma notável cidade nova. Afinal, se o coletivo se opõe ao individual e lhe é moralmente superior – e até parte considerável da imprensa, vivendo seus dias de apagão bibliográfico, acha o mesmo –, ele só pode estar certo. O prefeito quebra ovos com metódica desfaçatez. Só não consegue fazer omeletes. Aos poucos, a cidade vai recuperando a memória do caos.

A "cracolândia" voltou a seus dias de esplendor, estimulada pela mal digerida política de redução de danos. Voltou, mas num estágio superior. Agora já há uma "civilização do crack", com seus teóricos, seus artistas, até sua arquitetura... Logo os veremos no *Esquenta*, da Regina Casé. Se viciados em clarineta, Chicabon ou cigarros Hollywood decidissem privatizar uma área da cidade, cassando direitos de terceiros, impondo-lhes uma disciplina ao arrepio da lei, não duvidem de que seriam reprimidos. Clarineta, Chicabon e Hollywood não alcançaram ainda o estatuto de uma cultura de resistência.

O desgraçado que mora no centro da cidade que pague o "Imposto Michel Foucault" – refiro-me ao filósofo que está na raiz desse pensamento torto que advoga, no fim das contas, que o direito à autodestruição supõe a supressão de direitos alheios. Foucault, esquerdista e gay, é aquele senhor que via na revolução iraniana um fervor, acreditem!, erótico! Khomeini chegou ao poder e começou a fila de enforcamentos pelos... esquerdistas e gays. O "despensador" morreu em 1984 sem emitir um pio de arrependimento. "Qual a razão do rosnado digressivo, seu reacionário?" A exemplo de Foucault, Haddad acha que sua teoria está certa; a realidade é que perdeu o rumo.

Só um intelectual de esquerda, ou alguém com tal pretensão, age como Haddad. Não por acaso, Lula, um notável e pernóstico conservador, nutre por essa gente imenso desprezo. O Barba é da turma do pragmatismo chulé. "E por que fez o outro candidato?" Porque mirou num produto eleitoral, não num gestor. O prefeito é o esquerdista que parece brincar no *play* sem sujar o shortinho. Mas alimenta ideias bem malvadinhas. O caso do IPTU repete a receita aplicada nos transportes e na cracolândia: o arranca-rabo de classes.

Compreensível. Em 2004, pouco antes de assumir o Ministério da Educação, Haddad escreveu num livro intitulado *Trabalho e linguagem: Para a renovação do socialismo* a seguinte pérola: "O sistema soviético nada tinha de reacionário. Trata-se de uma manifestação absolutamente moderna frente à expansão do império do capital". Bacana. Lênin, o fundador do "sistema" que ele exalta, deixou para a história um pensamento inequívoco: "Uma revolução sem pelotão de fuzilamento não faz sentido". Haddad, o acólito, é um homem em busca de sentido.

20/12/2013

Um leninista de toga

Lênin chegou ao STF pela via cartorial. O ministro Luís Roberto Barroso concedeu uma impressionante entrevista à *Folha* de domingo. Afirmou: "Em tese, não considero inconstitucional em toda e qualquer hipótese a doação [a campanhas eleitorais] por empresa". Ele, no entanto, votou pelo acolhimento de uma Ação Direta de Inconstitucionalidade (ADI) que, se vitoriosa, impedirá as doações de pessoas jurídicas a candidatos e partidos. Ocorre que decisões do STF têm a força de uma tese! O ministro está dizendo que a Constituição, ao contrário do seu voto, não veta essa modalidade de contribuição. Ele declarou inconstitucional o que sabe não ser. É intelectualmente escandaloso!

Tivesse uma câmera na mão, Barroso seria cineasta, já que não lhe faltam más ideias na cabeça. Ele nos diz qual é sua restrição: "[a doação] não tem nada a ver com ideologia. [As empresas] doam ou por medo, ou porque são achacadas ou porque querem favores". É? Fosse por ideologia, seria uma ação virtuosa? Será que o PT d'antanho teria conseguido se financiar caso as empresas fizessem uma triagem puramente ideológica? E se vigesse o financiamento público? O partido teria deixado de ser nanico?

Só houve alternância no poder – do PSDB para o PT – porque doações não foram feitas por ideologia. De resto, gente achacada, com medo ou em busca de favores não assina recibo. Pior será o modelo do ministro. Se achaque houver, não deixará nem pistas. Eis Barroso, que agora tem uma nova causa: descriminalizar as drogas. Entendo. Quando o assunto é maconha e cocaína, ele acha que a proibição induz ao crime; quando é doação eleitoral, ele acha que a proibição induz à virtude.

Como ignorar que os verdadeiros autores da ADI pertencem a um grupo liderado pelo próprio ministro? A OAB foi uma espécie de laranja da causa. Refiro-me a Daniel Sarmento, professor de direito constitucional da UERJ, área comandada por Barroso, e Eduardo Mendonça, que já foi seu sócio e hoje é seu assessor no STF. O ministro julgou de dia uma causa que ajudou a patrocinar à noite. E não se declarou impedido! Aéticos, para ele, são os políticos.

Mas Barroso é um queridinho da imprensa "progressista". Abraça todas as teses politicamente corretas das esquerdas atomizadas de hoje: casamento gay, descriminalização das drogas, cotas raciais, aborto… Condenar fetos, que não podem correr, à sucção e à cureta é visto nestes tempos como prova de grande coragem. Quanta valentia a risco zero!

Na *Folha*, o homem ensaia um voo teórico: "É preciso interpretar [a história] e fazê-la andar. Está ruim? Não está funcionando? Nós temos de empurrar a história". Isso é Lênin. Os partidários do barbudo furunculoso (Marx) entendiam que a sociedade socialista dependia de certas precondições que a Rússia não oferecia. Lênin, então, lançou a tese da "aceleração da história", ora abraçada pelo valente. O ministro está dizendo que cabe ao STF tomar o lugar da sociedade e do Congresso.

Na semana que vem, voltarei à questão. Barroso é, no STF, a vanguarda de um atraso que tem história: a substituição do povo por um ente de razão chamado "partido". Esse homem "moderno" é um tipo que só prospera hoje na América Latina. É vanguarda, sim, mas do fim do século XIX e início do XX. Em democracias que se respeitam, seria tangido da corte suprema a varadas – metafóricas, claro! Ministro do STF que acredita ser sua missão "empurrar a história" não pratica "neoconstitucionalismo", mas o velho porra-louquismo. E com a toga nos ombros. #prontofalei.

P.S.: Um voto para o próximo Natal (o de anteontem já é jornal velho) e para os Anos-Novos vindouros? Pois não. Que as pessoas sejam autônomas e não dependam da boa vontade do palavrório de estranhos. Não parece bom?

27/12/2013

MSL – O Movimento dos Sem-Lei

Na semana passada, comentei aqui uma declaração do ministro Luís Roberto Barroso, do STF. Ele entende que uma de suas funções é "empurrar a história", como Lênin. Não existe democracia sem um Poder Judiciário independente, mas essa independência tem balizas. A decisão que desrespeita ou ignora a letra da lei agride o regime democrático, ainda que sob o pretexto de aperfeiçoá-lo. Juízes também são produto da ordem legal que eventualmente transgridem. Pergunta-se a Barroso: aquele que manda às favas uma decisão judicial porque está "empurrando a história" merece aplauso ou punição? Sempre se pode argumentar que há o jeito certo e o errado de dar esse empurrãozinho, mas isso é guerrilha ideológica, não Estado de direito. Vamos ver.

Liminar concedida dia desses por uma juíza de Mato Grosso do Sul impedia que proprietários rurais realizassem um leilão de gado, grãos e equinos. O objetivo do evento era arrecadar recursos para mobilizar produtores contra a onda de invasões de terra promovida por índios, ONGs e padres. Na liminar, depois cassada, a juíza alegava que sitiantes e fazendeiros pretendiam contratar segurança privada – essa era precisamente a acusação feita pelos invasores –, o que implicaria "substituir o Estado na solução do conflito existente entre a classe ruralista e os povos indígenas".

Quando os militantes invadem as propriedades, eles não estão tentando "substituir o Estado"? Então o coitado que tem esbulhado seu direito deve ser proibido até de se defender? De resto, quem quer dinheiro para contratar milícias não realiza leilões à luz do dia.

Em outubro, um juiz negou liminar de reintegração de posse à reitoria da USP, invadida por delinquentes de extrema esquerda. O juiz que se negou a devolver o prédio a seus legítimos usuários escreveu, espancando o bom-senso e a língua: "Outrossim, frise-se que nenhuma luta social que não cause qualquer transtorno, alteração da normalidade, não tem força de pressão e, portanto, sequer poderia se caracterizar como tal". Quando os criminosos deixaram o prédio, o saldo de destruição impressionava. "Transtorno"?

O meritíssimo pertence a uma associação de juízes que se denomina Para a Democracia, algo notável porque nos faz supor que possa existir outra – no caso, "para a ditadura". Tal associação já produziu uma pérola, também na defesa de invasores. Escreveu:

> Não é verdade que ninguém está acima da lei [...]: estão, sim, acima da lei todas as pessoas que vivem no cimo preponderante das normas e princípios constitucionais e que, por isso, rompendo com o estereótipo da alienação, e alimentadas de esperança, insistem em colocar o seu ousio e a sua juventude a serviço da alteridade, da democracia e do império dos direitos fundamentais.

O estilo brega mal esconde a concepção totalitária de direito. Ora, se há pessoas acima da lei, cesse o que o antigo Estado de direito canta. Tudo lhes é permitido, muito especialmente o crime.

O ano começa com o STF prestes a jogar o sistema político na clandestinidade. Quatro ministros já acolheram a Ação Direta de Inconstitucionalidade que quer proibir a doação de empresas a campanhas eleitorais. Se acontecer, as contribuições hoje ilegais assim continuarão. E boa parte das legais migrará para o crime. Esse mesmo tribunal, e não entro no mérito de cada decisão, "constitucionalizou", por exemplo, o casamento gay, o aborto de anencéfalos e a marcha da maconha. Legislou na contramão da vontade explícita do Congresso. No caso das cotas raciais, condescendeu com a agressão à Constituição promovida pelos dois outros poderes. E sempre contra a escrita.

Se as leis não limitam as ações dos homens, quem disciplina os homens sem limites?

3/1/2014

Mortos sem pedigree

Se ninguém dá bola quando bandidos matam pais de família, por que haveria indignação quando presos resolvem decapitar seus pares no Maranhão, onde José Sarney é a fé, a lei e o rei? Que se virem! As trevas maranhenses são apenas um sintoma de um desastre humanitário silencioso.

Em novembro, veio a público o Anuário Brasileiro de Segurança Pública com os dados referentes a 2012. Os "crimes violentos letais intencionais" (CVLI) somaram 50.108, contra 46.177 em 2011. A taxa saltou de 24 para 25,8 mortos por 100 mil habitantes. Na Alemanha, é de 0,8. No Chile, 3,2. Os CVLI incluem homicídio doloso, latrocínio e lesão corporal seguida de morte. Nota: esses são números oficiais. A verdade deve ser mais sangrenta.

Segundo a ONU, na América Latina e no Caribe, com população estimada em 600 milhões, são assassinadas 100 mil pessoas por ano. Com pouco menos de um terço dos habitantes, o Brasil responde por mais da metade dos cadáveres. O governo federal, o PT, o PMDB, o PSDB e o PSB silenciaram. Este é um país real demais para produtivistas, administrativistas e nefelibatas. A campanha eleitoral já está aí. Situação e oposição engrolarão irrelevâncias sobre o tema. Prometerão mais escolas e mais esmolas. Presídios, não!

Algumas dezenas de black blocs mobilizaram o ministro da Justiça, os respectivos secretários de Segurança de São

Paulo e Rio e representantes da OAB, do CNJ e do Ministério Público. Rodrigo Janot, procurador-geral da República, quer até um fórum de conciliação para juntar policiais e manifestantes. Sobre a carnificina de todos os dias, nada! Quem liga para cadáveres "pobres de tão pretos e pretos de tão pobres", como cantavam aqueles? No país em que os aristocratas são, assim, "meio de esquerda", segurança pública é assunto da "direita que rosna", certo? Os quatrocentos e poucos mortos da ditadura mobilizam a máquina do Estado e a imprensa. É justo. Os 50 mil a cada ano só produzem silêncio. Dentro e fora dos presídios, são cadáveres sem pedigree.

E por que esse silêncio? É que os fatos sepultaram as teses "progressistas" sobre a violência. A falácia de que a pobreza induz ao crime é preconceito de classe fantasiado de generosidade humanista. A "intelligentsia" acha que pobre é incapaz de fazer escolhas morais sem o concurso de sua mística redentora. Diminuiu a desigualdade nos últimos anos, e a criminalidade explodiu. O crescimento econômico do Nordeste foi superior ao do Brasil, e a violência assumiu dimensões estupefacientes.

Os estados da região estão entre os que mais matam por 100 mil habitantes – Alagoas: 61,8; Ceará: 42,5; Bahia: 40,7, para citar alguns. Comparem: a taxa de CVLI de São Paulo, a segunda menor do país, é de 12,4 (descarta-se a primeira porque inconfiável). Se a nacional correspondesse à paulista, salvar-se-iam por ano 26.027 vidas.

Com 22% da população, São Paulo concentra quase 36% (195.695) dos presos do país (549.786), ou 633,1 por 100 mil. A taxa de CVLI do Rio é quase o dobro (24,5) da paulista, mas a de presos é inferior à metade (281,5). A Bahia tem a maior desproporção entre mortos por 100 mil (40,7) e encarcerados: 134. Estudo quantitativo do Ipea* evidencia que "prender mais bandidos e colocar mais policiais na rua são políticas públicas que funcionam na redução da taxa de homicídios".

Isso afronta a estupidez politicamente correta e cruel. Em 2013, o governo federal investiu em presídios 34,2% menos do que no ano anterior – o investimento caiu de R$ 361,9 milhões para R$ 238 milhões. Para mais mortos, menos investimento. Os progressistas meio de esquerda são eles. Este colunista é só um reacionário da aritmética. Eles fazem pedrinhas. Alguém tem de dar as pedradas.

10/1/2014

---

* Sachsida, Adolfo; Mendonça, Mario Jorge Cardoso de. "Evolução e determinantes da taxa de homicídios no Brasil", Instituto de Pesquisa Econômica Aplicada (Ipea), Brasília, jan. 2013. Disponível em: bit.ly/1gllorL.

Rolezinho e mistificações baratas

Setores da imprensa e alguns subintelectuais, com ignorância alastrante, tentaram ver o "rolezinho" como manifestação da luta de classes. Os shoppings, chamados de "templos de consumo" por bocós dos clichês superlativos, seriam a expressão mais evidente e crua do "fetichismo da mercadoria", uma estrovenga que "sedizentes" marxistas não conseguem definir sem engrolar incongruências e abstrações inanes. Deu errado. Boa parte dos shoppings está nas periferias e é frequentada por pobres. Quando a luta de classes falha, é o caso de convocar a guerra racial.

Mais uma vez, a PM é vista como algoz, e "jovens pobres, negros e da periferia", como arautos de um novo tempo. Os deserdados da "modernização conservadora" teriam decidido invadir o espaço privado do capitalismo excludente: o shopping! Quanto besteirol, Santo Deus!

O rolezinho, na sua atual configuração, é uma criação da imprensa. Os "brancos da nossa classe" fazem *flash mobs*. Já os pobres negros, vistos com curiosidade antropológica, fazem rolezinhos, que são exaltados em nome da diversidade. O pobrismo racialista é a mais vistosa manifestação de vigarice intelectual do jornalismo e da academia. Esse olhar que supostamente defende os "excluídos" acaba por confiná-los num gueto conceitual, numa jaula de boa consciência.

Jovens que aderem a eventos por intermédio do Facebook não são excluídos sociais, mas incluídos da cultura digital, que já é pós-shopping, pós-mercadoria física e pós-racial. O que mais se troca nas redes sociais são bens simbólicos, são valores, que definem tribos e grupos com pautas cada vez mais específicas.

Está em curso, entre pobres e ricos, brancos e negros, uma espécie de fetichização, sim, mas é a da vontade. Cada um desses nichos de opinião considera que tem o direito de impor sua pauta ou seus hábitos ao conjunto da sociedade – se necessário, pela força. Os que fazem rolezinhos não estão cobrando mais democracia, como quer a esquerda rosa-chique. Eles manifestam, na prática, é desprezo pela cultura democrática. E são bem-sucedidos. Fernando Haddad os chamou para uma reunião na prefeitura. A ministra Luiza Bairros lhes atribui uma agenda libertadora. Imposturas!

Não se percebia, originalmente, nenhuma motivação de classe ou de "raça" nessas manifestações. Agora, sim, grupos de esquerda, os tais "movimentos sociais" e os petistas estão tentando tomar as rédeas do que pretendem transformar em protesto de caráter político. Se há, hoje, espaços de fato públicos, são os shoppings. As praças de alimentação, por exemplo, são verdadeiras ágoras da boa e saudável democratização do consumo e dos serviços. Lá estão pobres, ricos, remediados, brancos, pretos, pardos, jovens, velhos, crianças... Lula, que é apedeuta, mas não burro, jamais hostilizou essa conquista dos ex-excluídos. Só o cretinismo subintelectual cai nessa conversa.

Ocorre que o jornalismo e a academia são reféns morais das ideias mortas que oprimem o cérebro dos vivos. Continuam na expectativa da grande virada de mesa, uma ilusão redentora que só sobreviveu na América Latina. Se os participantes dos rolezinhos fossem rebeldes políticos, ainda que primitivos, seu papel seria o de uma protovanguarda revolucionária à espera do Lênin dos shoppings.

Para encerrar, uma curiosidade: por que jornalistas se referem a frequentadores habituais de shoppings como "gente de bem", assim, entre aspas, como se quisessem sugerir que eles, na verdade, são do mal? O que há de errado, coleguinhas, com aquela gente? Ela assina os jornais e revistas que fazemos, lê as coisas que escrevemos nos portais, sites e blogs e, na prática, paga nosso salário. Quando menos, parem de cuspir no prato em que comem. Aquela gente de bem, sem aspas, é inocente.

17/1/2014

O "bando de negros e morenos"

O pânico voltou a bater às portas do Palácio do Planalto, que dá como inevitáveis novos protestos durante a Copa. O PT já convocou seu braço junto às massas, uma tal Central de Movimentos Populares (CMP), para monitorar o povaréu.

Os pelegos da CMP integram a Ancop, ou Comitês Populares da Copa. Estão lá para amansar a brasileirada. As designações têm um ranço entre o jacobinismo e o sovietismo: "central", "comitês", "coletivos"... O "comissariado" fica na Secretaria-Geral da Presidência, do camarada Gilberto Carvalho. Uma nova onda de protestos poderia pôr em risco a reeleição de Dilma. Uma estrepitosa vaia durante o discurso da presidente na abertura daria o tom do resto do torneio. O Planalto, o que é uma tolice, viu nos rolezinhos o sinal de advertência. O PT começa a ser também vítima, não apenas beneficiário, de sua natureza. Explico.

Um pouco de memória. Em junho, os petistas apostaram que a baderna ficaria restrita a São Paulo. Em meu blog, demonstrei, inclusive com reportagens da *Folha*,* como operaram os feiticeiros do Planalto – com José Eduardo Cardozo chefiando o caldeirão – para jogar os distúrbios no colo da "polícia de Alckmin". Duas semanas depois, havia pessoas

---

* "Cardozo e seu governo, por atos e omissões, ajudaram a promover a violência que agora tentam combater". Veja.com, 31/10/2013. Disponível em: is.gd/X4xFOl.

com tochas na mão sapateando no teto do Congresso, e o Palácio Itamaraty estava em chamas. E Cardozo mudo, perplexo, pálido de espanto.

Já sabemos o que eram os rolezinhos e no que tentam transformá-los as esquerdas, inclusive os petistas. De novo, confessam, a aposta era que se limitassem a São Paulo. Carvalho mandou ver no pensamento tarja preta:

> Da mesma forma que os aeroportos lotados incomodam a classe média. Da mesma forma que, para eles, é estranho certos ambientes serem frequentados agora por essa "gentalha" […]. O que não dá para entender muito é a carga do preconceito que veio forte. […] As pessoas veem aquele bando de meninos negros e morenos e ficam meio assustadas. É o nosso preconceito.

"Nosso preconceito" uma ova! Esse é o preconceito de Carvalho, que chama "negros" e "morenos" de "bando". Então só a classe média reage à incompetência do governo na gestão aeroportuária? Pobre gosta de humilhação? Nota: a pesquisa Datafolha sobre os rolezinhos, especialmente a opinião de "negros e morenos", desmoraliza Carvalho, seu partido, as esquerdas, a vigarice sociológica, a tolice jornalística e o colunismo fácil.

O mundo real pôs o PT sob controle, mas não mudou sua natureza. No campo, na cidade, na universidade ou no shopping, o partido não resiste à tentação de insuflar os "oprimidos". Os "opressores" identificados pela legenda não são os premiados com Bolsa BNDES ou Bolsa Juros, mas a classe média, que Marilena Chaui odeia e que Carvalho julga ser racista.

Enquanto a fala indecorosa do ministro circulava, uma turba fechou algumas ruas na Penha, em São Paulo, para um baile funk. A polícia, chamada pela vizinhança, acabou com a festa. Um grupo de funkeiros decidiu, então, assaltar um posto de gasolina, espancar os funcionários, depredar um hipermercado contíguo e roubar mercadorias. Na saída, um deles derramou combustível no chão e tentou riscar um fósforo. Tivesse conseguido... O *Jornal Nacional* relacionou o episódio à falta de lazer na periferia. Pobre, quando não se diverte, explode posto de gasolina, mas é essencialmente bom; a falta de um clube para o funk é que o torna um facínora. Sei. É a luta entre o Rousseau do Batidão e o Hobbes da Tropa de Choque.

Os maiores adversários do PT em 2014 não são as oposições, mas a natureza do partido e os valores que tornou influentes com seu marxismo de meia-pataca e seu coitadismo criminoso. A receita pode, sim, desandar.

24/1/2014

Aduladores do caos

Para o submarxismo vigente naqueles ambientes que o poeta Bruno Tolentino (1940-2007) chamava "Complexo Pucusp" – onde a imprensa colhe seus "especialistas" –, o futuro já aconteceu faz tempo. O que virá será só a materialização do que já estava inscrito na natureza humana. E essa natureza, consta, é libertar-se da opressão. Assim, toda ação, todo acontecimento, todo evento só encontram sentido na medida em que podem ou não ser úteis a esse propósito. A história deixa de ser "a contínua marcha do desejo", na expressão de Thomas Hobbes, para ser uma sequência de capítulos de fim conhecido, que nos conduzirá ao encontro com a verdade. Parece complicado? Eu me esforcei. Das nuvens para os ônibus.

Desde 1º de janeiro, 33 ônibus municipais e outros tantos intermunicipais já foram incendiados na periferia de São Paulo e adjacências. Em dois ou três casos, alega-se uma reação à suspeita de que a PM teria matado um rapaz da "comunidade". E os demais? Ah, esses ficariam por conta do *malaise* social que levaria adolescentes da periferia a fazer rolezinhos, black blocs a quebrar tudo, funkeiros a tentar explodir posto de gasolina… Teria sido acionado o gatilho do DNA libertador das massas.

Analistas muito severos trovejam: "Eu bem que avisei". Outros iluminam suas esperanças com as chamas dos ônibus. Estão com o povo, contra os reacionários! A antropologia da reparação ameaça: "Chegou a hora de entregar os dedos; os oprimidos não se contentam mais com os anéis do reformismo tucano-petista!".

O espírito do tempo tem peso determinante na história. São os poderes instituídos e as matrizes influentes de valores – onde estão a imprensa e a indústria cultural – que definem a recompensa e a punição aos comportamentos desejáveis ou indesejáveis. Se essas instâncias flertam com a desordem, esta passa a ser encarada como um instrumento eficaz de luta. Se a violência é recompensada com o reconhecimento da legitimidade da "causa", já se tem erigida uma moral. Aí a vaca vai para o brejo.

Defende-se hoje, a céu aberto, que PMs enfrentem desarmados os fascistoides que vão para as ruas portando coquetéis molotov – e assim é desde a primeira manifestação em São Paulo, no dia 6 de junho do ano passado. Tenta-se linchar um policial que cometeu a ousadia da legítima defesa. A repressão ao tráfico de drogas vira agressão aos direitos humanos. O desvio assume, enfim, o papel de contenção que cabe à norma.

Insiste-se na farsa ridícula da luta da "sociedade contra o Estado", e policiais "negros e morenos" (como diria Gilberto Carvalho), saídos daquela mesma periferia que seria a portadora do futuro, são tratados como o braço armado da velha ordem a retardar a aurora. O Brasil não é o Egito. Nossa democracia, por enquanto ao menos, não vive sob tutela, a não ser a desses milicianos do futuro. É bem verdade que o PT se esforça para tomar o lugar da sociedade e tenta estatizar até os "manos" e as "minas" dos rolezinhos. Mas ainda não logrou seu intento.

Não pensem que este rottweiler do reacionarismo acredita numa moral intrínseca à história, oposta à dos submarxistas, que nos conduziria para o bem. A história, em si, é amoral e se move por relações de força. Ocorre que, por esse caminho, democracia, fascismo ou comunismo seriam resultados plausíveis até que não se chegasse àquele momento do encontro do homem com seu começo. Besteira!

A história não é moral, mas nós somos seres morais. Falaremos em nome de quais valores? A democracia é um regime legitimado pela maioria, mas sustentado, nos seus fundamentos – muito especialmente a proteção às minorias –, por elites de pensamento capazes de fazer escolhas que transcendem seus próprios interesses. É nesse lugar que está a imprensa. Não, meus caros! Os pobres não herdarão o Reino da Terra. Quais serão, então, nossas escolhas?

31/1/2014

Os debochados de Banânia

Países não acabam, não encerram as atividades. Existirão sempre, de um jeito ou de outro, pouco importam as condições em que operem. Está em curso no Brasil uma lenta, porém contínua, degradação institucional. Sei bem como são as coisas. Nessas horas, os profissionais do "progressismo" costumam acusar de "apocalípticos" seus adversários "conservadores", a "direita alarmista". Bem, este escriba não acha que o país caminhe para o desastre. Nunca achou. Até o Sudão do Sul e o Haiti existem quando se é um empirista empedernido. Por que não existiria o Brasil? Não vislumbro a derrota final, mas a continuidade da mediocridade aviltante.

"Na ditadura era melhor?" Não, mas a pergunta é cretina. A democracia tem de ser avaliada segundo seus próprios valores. Há vinte anos – ou cinco... –, um vice-presidente da Câmara dos Deputados não receberia, a exemplo do que fez o senhor André Vargas (PT-PR), o presidente do Supremo com o punho cerrado, num ato de suposta resistência à decisão da corte suprema do país, que condenou larápios.

Ainda que, vá lá, os petistas queiram, como eles dizem, "politizar a questão" e disputar a opinião pública, há canais e instrumentos mais adequados, nunca uma solenidade oficial do Congresso, na abertura do ano legislativo. Ao receber o ministro Joaquim Barbosa com aqueles modos, Vargas mandou às favas seu papel institucional e se comportou como um chefete de facção, um arruaceiro, um black bloc do Parlamento. Tornou-se um depredador da ordem democrática.

Igualmente estupefaciente é a decisão do PT – e é ação partidária, sim – de arrecadar fundos na internet para pagar as multas impostas pelo STF aos mensaleiros. Ao fazê-lo, note-se, marca um reencontro com aquela turma que se negou a homologar a Constituição de 1988, há longos 26 anos. Tratou-se, é sabido, de um gesto simbólico, a deixar claro, no entanto, que o partido não se colocava como um dos procuradores da ordem democrática. Evidenciava-se, e se reitera hoje, que o petismo não se sentia representado por aquele arcabouço legal e institucional nem se comprometia com a defesa dos seus valores.

A cerimônia em que Alexandre Padilha transferiu o comando do Ministério da Saúde para Arthur Chioro foi um emblema da degradação republicana. A solenidade foi transformada numa peça cínica de antecipação da disputa eleitoral, com generalizações e omissões grosseiras sobre os próprios feitos e os alheios. Os discursos estavam eivados de provocações baratas e mesquinharias que nada tinham a ver com o interesse público.

O Brasil vai acabar por isso? Não. O Sudão do Sul não acaba. O Haiti não acaba. Mas vamos nos condenando a ser o que já somos, porém um pouco piores a cada dia, porque outros melhoram. Vejam o que aconteceu, por exemplo, com a Coreia do Sul em 26 anos. No Brasil, o futuro demora tempo demais para chegar. Mercadistas sem imaginação e oportunistas travestidos de esquerdistas pragmáticos acham isso tudo bobagem.

Os banqueiros e a CUT fingem acreditar que existe lugar entre os bons para um país com moldura institucional estropiada.

Musil, em O *homem sem qualidades*, define assim o advento de uma nova era em Kakânia, um país imaginário:

> Algo imponderável. Um presságio. […] Como quando fios de novelos se desmancham. Quando um cortejo se dispersa. Quando uma orquestra começa a desafinar. […] Ideias que antes possuíam um magro valor engordavam. Pessoas antigamente ignoradas tornavam-se famosas. O grosseiro se suaviza. […] Havia apenas um pouco de ruindade demais misturada ao que era bom, engano demais na verdade, flexibilidade demais nos significados […].

Servia para Kakânia. Serve para Banânia. No país imaginário de Musil, gênios até podiam ser tomados como patifes, mas patifes jamais eram tomados como gênios. Já aqui…

7/2/2014

Eu acuso ou Dilma "red bloc"

O cinegrafista Santiago Andrade está morto. Não vai comparecer à próxima manifestação nem ao almoço de domingo. Quem o subtraiu da vida roubou também o pai, o marido, o amigo e a liberdade de imprensa.

Eu acuso Franklin Martins de ser o chefe de uma milícia oportunista contra a imprensa livre.

Eu acuso o governo federal e as estatais, que financiam páginas e veículos que pregam o ódio ao jornalismo independente, de ser corresponsáveis por essa morte.

Eu acuso o ministro José Eduardo Cardozo de ser, querendo ou não, na prática, um dos incitadores da desordem.

Eu acuso o ministro Gilberto Carvalho de especular com o confronto de todos contra todos.

Eu acuso jornalistas de praticar a sujeição voluntária porque se calam sobre o fato de que são caçados nas ruas pelos ditos "ativistas" e obrigados a trabalhar clandestinamente.

Eu acuso empresas e jornalistas de se render a milicianos das redes sociais e de se preocupar mais com "o que eles vão dizer de nós" do que com o que "nós temos de dizer a eles".

Eu acuso uns e outros de se deixar pautar por dinossauros com um iPad nas patas.

No começo deste mês, Franklin Martins participou de "um debate" com gente que concorda com ele num aparelho sindical a serviço do PT. Malhou a imprensa à vontade, num ambiente em que só o ressentimento superava a burrice. Em dado momento, afirmou: "Há por parte da maioria dos órgãos de comunicação uma oposição reiterada, sistemática, muitas vezes raivosa, contra o governo; [isso] implica que o governo tenha de fazer a disputa política de modo permanente; ou seja, não é de vez em quando; tem de fazer sempre".

Aí está a origem do mal. A afirmação de Martins é mentirosa. Não existe essa imprensa de oposição. É delírio autoritário de quem precisa inventar um fantasma para endurecer o jogo com os "inimigos". Ele será o homem forte da campanha de Dilma à reeleição e voltou a ser a mão que balança o berço na Secom, que distribui a verba de publicidade aos linchadores.

Constrangido por essa patrulha financiada por dinheiro público, que literalmente arma a mão de delinquentes, o jornalismo se intimida, se esconde e se esquece de que não é apenas uma caixa de ressonância de valores em disputa. Se nos cabe reportar a ação dos que não toleram a democracia, é preciso evidenciar que o regime de liberdades é inegociável e que os critérios com que se avalia a violência de quem luta contra uma tirania não servem para medir a ação dos que protestam num regime democrático.

Dois dias depois da morte de Santiago, o moribundo MST organizou uma arruaça em Brasília e feriu trinta policiais, oito deles com gravidade. A presidente decidiu receber a turba pra conversar.

Eu acuso a "red bloc" Dilma Rousseff de ser omissa, de abrigar a violência e de promover a baderna.

P.S. Janio de Freitas especulou sobre a honorabilidade de Jonas Tadeu Nunes, advogado dos assassinos de Santiago, porque já foi defensor de Natalino Guimarães, chefe de milícia. Alguns figurões do direito defenderam os ladrões do mensalão, e ninguém, com razão, duvidou da sua honra. O compromisso do advogado é com o direito de defesa, não com o crime praticado. O colunista referiu-se a mim – "um comentarista que já aparecia na rádio" – porque perguntei a Jonas, na Jovem Pan, se grupos de extrema esquerda financiavam arruaceiros. Janio indaga se não poderiam ser de extrema direita. Se ela existisse, se fosse organizada, se tivesse partido, se recebesse verbas do fundo partidário, se tivesse suas Sininhos e seus piratas de olhos cerúleos, talvez… Acontece que as antípodas direita e extrema direita no Brasil são substantivos abstratos, que só existem na mente meio paranoica das esquerdas. Ah, sim: apareceu uma lista de financiadores dos black blocs. Todos de esquerda. *Quod erat demonstrandum.*

14/2/2014

Assim não dá, Vladimir!

Vladimir Safatle, possível candidato do PSOL ao governo de São Paulo, surpreendeu os leitores da *Folha* ao acusar, em sua coluna de terça, a polícia de ser responsável pela morte de quatro manifestantes: Cleonice Vieira de Moraes, Douglas Henrique de Oliveira, Luiz Felipe Aniceto de Almeida e Valdinete Rodrigues Pereira. Seriam, asseverou, apenas algumas das vítimas das PMs. A palavra delicada para definir a afirmação é "mentira". As polícias, felizmente, não mataram ninguém nos tais protestos.

Cleonice, uma gari, morreu em Belém de infarto.* Varria a rua quando houve um confronto entre manifestantes e a PM. Inalou alguma quantidade de gás lacrimogêneo e teve infarto depois disso, mas não por causa disso. O filósofo deve conhecer a falácia lógica já apontada pelos escolásticos: *post hoc ergo propter hoc* – depois disso, logo por causa disso. Nem tudo o que vem antes é causa do que vem depois. É como no filme *Os pássaros*, de Hitchcock. Tudo se dá depois da chegada da loura, mas a loura é inocente, Vladimir!

Douglas** e Luiz Felipe*** morreram após caírem do viaduto José Alencar, em Belo Horizonte. Não há evidências de que

---

* "Gari morre após manifestação em Belém". *G1*, 21/6/2013. Disponível em: is.gd/6QWqQM.
** "Morre manifestante que caiu de viaduto nos arredores do Mineirão". *Terra*, 27/6/2013. Disponível em: is.gd/NxVkIo.
*** "'Meu filho foi uma vítima', diz mãe de jovem morto após queda em protesto". *G1*, 12/7/2013. Disponível em: is.gd/lVau1v.

estivessem sendo encurralados pela polícia. Ainda que sim, seria preciso examinar as circunstâncias.

A mentira sobre Valdinete é mais escandalosa.* Foi atropelada por um motorista que havia furado um bloqueio no km 30 da BR-251, em Cristalina, em Goiás. No mesmo episódio, morreu outra mulher, Maria Aparecida. Elas decidiram botar fogo em pneus para cobrar melhorias no distrito de Campos Lindos – nada a ver com os protestos dos coxinhas vermelhos. O motorista de um Fiat Uno não parou, atingiu as duas e sumiu. Elas não fugiam da violência policial.

Vladimir resolve moralizar o debate e escreve:

> não consta que suas mortes tiveram força para gerar indignação naqueles que, hoje, gritam por uma bisonha "lei de antiterrorismo" no Brasil. Para tais arautos da indignação seletiva, tais mortes foram "acidentais" [...]. Mas a morte do cinegrafista, ao menos na narrativa que assola o país há uma semana, não foi um acidente infeliz e estúpido [...].

"Não consta que tiveram" é um coquetel molotov na língua pátria. Isso é com ele. A morte de Andrade não foi um acidente. O destino do artefato eram os policiais. Vladimir parece achar que a farda cassa dos PMs sua condição de humanos. Indignação seletiva é a dele. Segundo acusa, estão usando a "morte infeliz de alguém" para "criminalizar a revolta da

---

* "Polícia faz buscas por motorista que matou mulheres atropeladas em protesto". *Correio Braziliense*, 25/6/2013. Disponível em: is.gd/i4A1Yf.

sociedade brasileira". O PSOL e os black blocs não são "a sociedade brasileira". De resto, na ordem democrática, é uma tolice afirmar que a "revolta" está sendo criminalizada. Se ela incidir em práticas puníveis pelo Código Penal, os crimes se definem pelos atos, não pelas vontades.

Sim, eu sei: malho em ferro frio ao cobrar que esquerdistas façam um debate ao menos factualmente honesto. Eu nunca me esqueço de um emblema desse modo que eles têm de argumentar. Até havia pouco, em defesa da legalização do aborto no Brasil, sustentavam que 200 mil mulheres morriam a cada ano vítimas de tal procedimento. Em fevereiro de 2012, a ministra da Secretaria de Políticas para as Mulheres, Eleonora Menicucci, levou tais números mentirosos à ONU.* Um dia me enchi e peguei os dados do Ministério da Saúde sobre mortes de mulheres e suas causas e fiz as contas. Os abortistas haviam multiplicado por duzentos o número de óbitos em decorrência do aborto.**

A mentira é mais útil às causas das esquerdas do que a verdade. Não fosse assim, homicidas como Lênin, Stálin, Trótski ou Mao Tsé-tung não seriam cultuados ainda hoje. Isso tudo é um pouco constrangedor, mas, como escreve Janio de Freitas, continuarei tentando.

21/2/2014

---

* "ONU cobra Brasil por mortes em abortos de risco". *O Estado de S. Paulo*, 18/2/2012. Disponível em: is.gd/qHYt5S.
** "A grande mentira sobre as 200 mil mulheres que morreriam em decorrência do aborto", Veja.com, 24/2/2012. Disponível em: is.gd/6Iu4EJ.

Fora do armário

Como num conto de Machado de Assis, "O cônego ou Metafísica do estilo" (leiam), substantivo e adjetivo – que Machado batiza de Sílvio e Sílvia – já haviam se enlaçado na minha cachola e deveriam estar agora na tela e no papel. Classificavam Gilberto Carvalho de agente sabotador do governo Dilma a serviço de Lula. Sílvio e Sílvia sabem que a presidente detesta Carvalho, no que é correspondida. Terão de esperar. Algo mais urgente se alevantou: Luís Roberto Barroso, a esfinge sem segredos do STF.

Não me lembro de nada tão grotesco no tribunal. O ministro decidiu ser o Catão da política, exacerbando a retórica moralista para cobrar uma reforma que barateie as campanhas eleitorais, lamentar a inércia dos políticos, afirmar que o idealismo se converteu em argentarismo, fustigar o "abominável espetáculo de hipocrisia" em que "todos apontam o dedo contra todos", mas mantêm "seus cadáveres no armário"… Pego carona na metáfora. Barroso saiu do armário e disse o que pensa sobre o mensalão: apenas "recursos não contabilizados" de campanha, como disse Delúbio Soares. Apesar do complexo de Schopenhauer, ele é só um Delúbio com toga, glacê e fricotes retóricos.

A fala ignora a essência golpista do mensalão. O que o foragido Henrique Pizzolato, por exemplo, tem a ver com custo de campanha? Parte do dinheiro que comprava partidos e políticos era público. Como numa peça de Gil Vicente, o ministro acusou

Todo Mundo para não punir Ninguém. Nome do espetáculo: *A farsa de Barroso*. E a peroração assombrosa foi condizente com a sordidez do prólogo.

Um das coisas exóticas que já fiz na vida foi ter lido o livro *O novo direito constitucional brasileiro*, de Barroso. Ele nos conta, entre ligeirezas, que era tal sua ignorância da ritualística do processo penal que teve de indagar a um repórter da *Folha* o que deveria fazer com o alvará de soltura do terrorista Cesare Battisti. Eu teria respondido.

Apelando a um procedimento descabido no julgamento de embargos infringentes – a Preliminar de Mérito –, o ministro resolveu pegar carona numa conta extravagante de Teori Zavascki – fruto de uma disciplina em voga chamada "direito criativo" –, e refazer a dosimetria, o que lhe era vedado nesta fase do processo, para declarar a prescrição da pena por quadrilha. A escolha era tão esdrúxula que, para que triunfasse, os ministros que antes absolveram teriam de condenar, mas com mansidão, para que, então, se declarasse a prescrição. Impossível, como sabe qualquer estudante no nível "massinha 1" de direito.

Com qual propósito? Barroso queria livrar a cara da turma, mas sem ficar com a pecha de salva-mensaleiro. Deve ter sido uma das maiores batatadas da história da corte. Flagrado, teve de refazer seu voto e admitir, desenxabido, que estava inocentando todo mundo do crime de quadrilha.

Ainda que a ignorância fosse culposa, a argumentação foi tecnicamente dolosa. Segundo disse, na primeira votação, seus pares usaram a dosimetria para evitar a prescrição e agravar o regime inicial de cumprimento das penas. Essa é a posição oficial do PT, expressa em vários documentos. Joaquim Barbosa indagou se seu voto já estava pronto antes de se tornar ministro. Barroso havia ofendido o tribunal primeiro. Nota: Natan Donadon foi condenado por crime de quadrilha no desvio de R$ 8,4 milhões da Assembleia de Rondônia. Um bando que atua em escala nacional e que desviou R$ 73,8 milhões só do Fundo Visanet foi absolvido. Cármen Lúcia, Ricardo Lewandowski e Dias Toffoli condenaram Donadon, mas absolveram os mensaleiros. Padre Vieira escreveu que o roubar pouco faz os piratas; o roubar muito, os Alexandres Magnos.

Ao ler o livro de Barroso, a gente entende que, para ele, a pressão de minorias organizadas, desde que "progressistas" – isto é, de esquerda –, tem mais valor do que a letra da lei. Nossos bolivarianos estão saindo do armário.

Ficam para outra coluna os apelos de Sílvia e Sílvio.

28/2/2014

Barbosa no tronco

A discriminação racial assume muitas faces, mas três delas se destacam. Há o ódio desinformado, raivoso, agressivo. O sujeito não gosta do "outro" porque "diferente", o que, para ele, significa inferior. Há a discriminação caridosa, batizada de "racismo cordial". Olha-se esse "outro" como um destituído de certas qualidades, mas sem lhe atribuir culpa por essa falta; o "diferente" merece respeito e, se preciso, tutela. Uma vertente da cordialidade é ver a "comunidade" dos desiguais (iguais entre si) como variante antropológica. Com sorte, seus representantes acabam no *Esquenta*, da Regina Casé, tocando algum instrumento de percussão – nunca de cordas! – ou massacrando a rima num rap de protesto. E há uma terceira manifestação, especialmente perversa, que chamo de "racismo de segundo grau". Opera com mecanismos mais complexos e só pode ser exercida por mentalidades ditas progressistas. É justamente essa a turma que tenta mandar o negro Joaquim Barbosa, ministro do STF, para o tronco.

Os leitores da *Folha* que conhecem meu blog sabem que, ao longo dos anos, mais critiquei Barbosa do que o elogiei. Antes ou depois do processo do mensalão. E os temas foram os mais variados – inclusive o mensalão. Ainda que a internet não servisse para mais nada, seria útil à memória. Os textos estão lá, em arquivo. Cheguei a ser alvo de uma patrulha racialista porque, dizia-se então, este branquelo não aceitava a altivez de um negro.

O ministro era saudado como herói por esquerdistas, "progressistas" e blogs financiados por dinheiro público – aqueles que se orgulham de ser chamados por aquilo que são: "sujos". Como esquecer os ataques nada edificantes de Barbosa a Gilmar Mendes, seu parceiro de tribunal, em 2009? Os "petralhas" consideravam Mendes seu único inimigo na corte, e o "negro nomeado por Lula" seria a expressão do "novo Brasil". O príncipe virou um sapo.

Não entro, não agora, no mérito dos votos do ministro no caso do mensalão. Fato: não tomou nenhuma decisão discricionária – até porque, na corte, a discricionariedade, quando existe, atende pelo nome de "prerrogativa". Que sua reputação esteja sob ataque, não a de Ricardo Lewandowski, eis a evidência da capacidade que a máquina petista tem de moer pessoas. Por que Lewandowski? O homem inocentou José Dirceu e José Genoino até do crime de corrupção ativa, mas foi duro com Kátia Rabello e José Roberto Salgado, do Banco Rural. Para esse gigante da coerência, os crimes da "Ação Penal 470" (como ele gosta de chamar) poderiam ter sido cometidos sem a participação da trinca petista. É grotesco!

Mas o que é esse tal "racismo de segundo grau"? É aquele que tenta impor ao representante de uma "raça" (conceito estúpido e desinformado!) um conteúdo militante que independe da sua vontade, da sua consciência, da sua trajetória pessoal. Assim, por ser negro, Barbosa seria menos livre do que um branco porque obrigado a aderir a uma pauta e a fazer o discurso que os "donos das causas" consideram progressista. Ao nascer negro, portanto, já teria nascido escravo de uma agenda.

O mensaleiro João Paulo Cunha foi explícito a respeito: "[Barbosa] Chegou [ao Supremo] porque era compromisso nosso, do PT e do Lula, reparar um pedaço da injustiça histórica com os negros". O ministro não se pertencia; não tinha direito a um habeas corpus moral.

Afinal de contas, quantos votos Barbosa tem no tribunal? Notem que os movimentos negros – na maioria pendurados em prebendas estatais – silenciaram a respeito. Calaram-se também quando o jornalista Heraldo Pereira foi chamado de "preto de alma branca" por um desses delinquentes financiados por dinheiro público. Por que defender um negro que trai a causa? Por que defender um negro bem-sucedido da TV Globo?

Um preto só prova que é livre quando obrigado a carregar a bandeira "deles".

7/3/2014

Viva a guerra!

O PMDB, como regra, "só dá alegrias" à presidente Dilma Rousseff, certo? Antes disso, conduzia Luiz Inácio Lula da Silva a verdadeiros êxtases, inenarráveis, por óbvio, no idioma de Camões. E não é menos verdade que tenha feito a felicidade de FHC, de Itamar ou de Sarney. Ocorre que, de vez em quando, os peemedebistas ficam descontentes e apresentam a fatura. Na economia de mercado, há vendedores porque há compradores – e vice-versa. Vale para o comércio de apoio político, de feijão ou de drogas. Como não se vai criar uma agência reguladora para estabelecer a ética das trocas de Brasília, os protagonistas é que definem as regras da relação, tornando-se responsáveis por aquilo que cativam. Dilma não precisa nem ler *O príncipe*, basta *O pequeno príncipe*.

É curioso! Sempre que os petistas são, como eles dizem, "chantageados" pelo PMDB, recorrem à Quinta Cavalaria, formada pelos bravos soldados do jornalismo e do colunismo. Nossa tarefa (minha, não!) passa a ser, então, fazer a "faxina ética" em lugar do petismo, desmoralizando os peemedebistas recalcitrantes. Hora de retirar do arquivo, por exemplo, a "ficha" de Eduardo Cunha (RJ), o líder do PMDB na Câmara e chefe da rebelião, desmoralizando-o, evidenciando que suas ações atendem apenas a apelos menores e a interesses pessoais. Os petistas se apresentam como a plêiade dos éticos enfrentando "o rei da fisiologia, do baixo clero e dos interesses inconfessáveis".

Já escrevi em meu blog e repito aqui: aplaudo de pé a rebelião liderada por Cunha. Na relação PT-PMDB, prefiro a guerra à paz. É melhor para o país. Dez ministros, mais a presidente da Petrobras, terão de dar explicações à Câmara? Haverá uma comissão para acompanhar a investigação de eventuais falcatruas na Petrobras? Tuma Jr. foi convidado a falar o que diz saber sobre o Estado policial petista? Ótimo! "E se Dilma ceder e pagar o preço de Cunha?", poderia indagar alguém. Aí vou vaiá-lo, ué! Também de pé! Como já fiz tantas vezes. Só que, nessa hipótese, ela também será alvo dos meus apupos.

Acho, sim, que fazer a crônica das eventuais motivações menores deste ou daquele tem interesse jornalístico. Mas jornalista não é soldado. Ignorar que o conflito em curso é também expressão das tentações hegemônicas do petismo, como deixam claro os palanques estaduais, corresponde a abandonar o jornalismo em benefício da fofoca ou do cumprimento de uma tarefa. O PMDB é o próximo alvo dos petistas caso Dilma se reeleja. O poder, como o entendem os companheiros, só pode ser exercido quebrando a espinha do principal aliado.

A essência da proposta de reforma política do PT, por exemplo, que está prestes a ser feita no tapetão do STF por iniciativa da turma de Luís Roberto Barroso – refiro-me ao financiamento público de campanha –, busca, no médio prazo, destroçar o PMDB. É uma aspiração compatível com os marcos teóricos da companheirada. Só não vê quem não sabe. Finge não ver quem já sabe.

De resto, no que concerne aos marcos institucionais, o PMDB, ao menos, está entre os fiadores da democracia.

Descartou, por exemplo, num congresso partidário, de modo peremptório, canalhices como o "controle social da mídia" – essa mesma que os petistas costumam pautar de forma tão eficaz contra… o PMDB. "Ah, mas existe a questão ética!" Algum coleguinha que cobre os bastidores de Brasília teria a cara de pau de asseverar que há uma substancial diferença de padrão entre os dois partidos?

14/3/2014

Gaby Amarantos canta para Dilma

No dia 29 de agosto de 2010, a *Folha* publicou uma reportagem informando que, entre março de 1995 e julho de 1996, Dilma foi empresária.* Montou uma lojinha, que chegou a ter uma filial, de bugigangas importadas do Panamá. Como diz a meninada, era um negócio "tipo" 1,99. Não deu certo. Fechou. Chamava-se Pão & Circo. Entendo. Liberais ainda na primeira dentição tendem a achar que bons empresários seriam bons gestores públicos. Não necessariamente. Trata-se de domínios e de propósitos distintos. Ocorre que a então candidata Dilma era oferecida ao país como gerente sem igual e planejadora rigorosa. Como ela era, e ainda é, meio enfezada, esse temperamento se confundia com competência. Gente que está sempre dando bafão, na vida ou no trabalho, recorre aos maus bofes para escamotear com o mau humor suas deficiências técnicas. A eficiência costuma ser amigável.

Indagada, naquela época, sobre sua experiência frustrada, depois de um encontro com o presidente da Confederação Nacional da Indústria, a petista explicou: "Quando o dólar está 1 por 1 e passa para 2 ou 3 por 1, ele [o microempresário] quebra. É isso que acontece com o microempresário, ele fecha. A minha experiência é essa e de muitos microempresários deste país".

---

* "Dilma já vendeu bugigangas e 'Cavaleiros do Zodíaco' no RS". *Folha de S.Paulo*, 29/8/2010. Disponível em: folha.com/no790511.

Epa! Resposta errada! A cotação média do dólar em março de 1995, quando Dilma abriu sua lojinha, era de R$ 0,884. Aquele ano fechou com a moeda a R$ 0,967. Em julho de 1996, quando ela cerrou as portas, foi de R$ 1,006. Em dezessete meses, portanto, houve uma variação de 14%, não de 200%. Sempre lembrando que a moeda local supervalorizada beneficia esse tipo de negócio. Na vitrine dos fatos, a desculpa de Dilma não vale 1,99, filosofaria Gaby Amarantos.

As pessoas, como já escreveu o poeta, não costumam confessar que já levaram porrada, que foram traídas ou que não tiveram paciência para tomar banho. Procuram também esconder a própria incompetência. É normal. Transferir, no entanto, para terceiros as consequências das próprias inabilidades e irresponsabilidades já é coisa mais séria. Na função pública, as consequências podem ser dramáticas.

Quando chefe da Casa Civil, Dilma mandava no setor energético mais do que havia conseguido mandar na sua lojinha. Em 2006, a Petrobras comprou de uma empresa belga chamada Astra Oil 50% de uma refinaria que fica em Pasadena, nos Estados Unidos, por US$ 360 milhões. Ocorre que a Astra havia pagado pela refinaria inteira, menos de um ano antes, apenas US$ 42,5 milhões. A Petrobras comprou por US$ 360 milhões aquilo que valia US$ 21,25 milhões – um ágio de 1.590%. Cláusulas contratuais obrigaram a empresa brasileira a ficar com a outra metade, aí por US$ 820,5 milhões. A sucata está lá, parada.

A presidente recorreu à desculpa número 13 dos petistas: "Eu não sabia". Refere-se à obrigação contratual da Petrobras, que teria sido omitida, de comprar a segunda metade da refinaria.

Diretores da empresa já a desmentiram na *Folha*. Acontece que a aquisição da primeira metade, com sua anuência – além da de Antônio Palocci e Jaques Wagner –, já é um descalabro. Quem negociou em nome dos belgas foi Alberto Feilhaber, que, antes de trabalhar para a Astra, havia sido funcionário da Petrobras por vinte anos. Quem preparou o papelório foi Nestor Cerveró, então diretor da área internacional da empresa brasileira. Foi ele que fez o resumo da operação, que Dilma agora considera incompleto. Não deve ter ficado muito zangada. Afinal, Cerveró é hoje diretor financeiro da BR Distribuidora.

Na melhor das hipóteses, estamos diante de um caso de incompetência e prevaricação. A pior fala por si, num escândalo que já nasce com as provas à mostra. Quando Dilma leva uma lojinha de 1,99 à falência, o problema é dela. Quando autoriza uma operação como essa, diz-se enganada, não busca responsáveis pelo desastre e ainda promove um de seus protagonistas, aí o problema é nosso.

21/3/2014

1964 já era! Viva 2064!

1964 já era! Tenho saudade é de 2064! Os historiadores podem e devem se interessar pelos eventos de cinquenta anos atrás, mas só oportunistas querem encruar a história, vivendo-a como revanche. Enfara-me a arqueologia vigarista. Trata-se de uma farsa política, intelectual e jurídica, que busca arrancar do mundo dos mortos vantagens objetivas no mundo dos vivos.

A semente do mensalão está nos delírios do Araguaia. O dossiê dos aloprados foi forjado pela turma que roubou o "Cofre do Adhemar". Os assaltos à Petrobras foram planejados pelas homicidas VAR-Palmares, de Dilma, e ALN, de Marighella. A privatização do passado garante, em suma, lugares de poder no presente e no futuro. Os farsantes apelam à mitologia para reivindicar o exclusivismo moral que justifica seus crimes de hoje. Ladrões se ancoram na gesta da libertação dos oprimidos. Uma solene banana para eles, com seus punhos cerrados e seus bolsos cheios!

Quem falava em nome dos valores democráticos em 1964? Os que rasgaram de vez a Constituição ou os que a rasgavam um pouco por dia? Exibam um texto, um só, das esquerdas de então que defendesse a democracia como um valor em si. Uma musiquinha do CPC da UNE para ilustrar: "Ah, ah, democracia! Que bela fantasia!/ Cadê a democracia se a barriga está vazia?". Para bom entendedor, uma oração subordinada basta. A resposta matou mais de 100 milhões só de... fome!

Nota desnecessária em tempos menos broncos: respeito a disposição dos que querem encontrar seus mortos. Eu não desistiria enquanto forças tivesse. Mas não lhes concedo a legitimidade, menos ainda a alguns prosélitos disfarçados de juristas, para violar as regras do Estado de direito. A anistia, por exemplo, não está consignada apenas na lei nº 6.683. O perdão – não o esquecimento – é também o pressuposto da emenda constitucional nº 26, de 1985, que convocou a Assembleia Nacional Constituinte.* Vamos declarar sem efeito o texto que nos deu a nova Constituição? A pressão em favor da revogação da anistia e a conversão da Comissão da Verdade – se estatal, ela é necessariamente mentirosa – num tribunal informal da história ignoram os pactos sobre os quais se firmaram a pacificação política do país.

Digam-me: onde estávamos em 1985? Revivendo a repressão de 1935, que se seguiu à Intentona Comunista? E em 1987? Maldizendo os cinquenta anos do Estado Novo? E em 1995, celebrando seu fim? Estado Novo? Eis a ditadura que os "progressistas" apagaram da memória. Um tirano como Getúlio Vargas foi recuperado pelas esquerdas para a galeria dos heróis do anti-imperialismo e serve de marco, segundo os pensadores amadores, para distinguir "demófobos" de "demófilos".

Ilustro rapidamente. Entre novembro de 1935 e maio de 1937, só no Rio, foram detidas 7.056 pessoas. Todas as garantias individuais estavam suspensas. Dois navios de guerra foram

---

* "A revisão da anistia: todas as leis que sete procuradores têm a ousadia de querer ignorar". Veja.com, 14/3/2012. Disponível em: ow.ly/v4ZK9.

improvisados como presídios. Em 1936, criou-se o Tribunal de Segurança Nacional, que condenou mais de 4 mil pessoas – Monteiro Lobato entre elas. Mais de 10 mil foram processadas. A Constituição de 1937 previa a pena de morte para quem tentasse "subverter por meios violentos a ordem política e social". Leiam o decreto nº 428, de 1938, para saber como era um julgamento de acusados de crime político. Kim Jong-un ficaria corado. A tortura se generalizou. No assalto ao Palácio da Guanabara, promovido por integralistas em maio de 1938, oito pessoas presas, desarmadas e rendidas foram assassinadas a sangue-frio, no jardim, sem julgamento, por Benjamin e Serafim Vargas, respectivamente irmão e sobrinho de Getúlio. No dia 9 de novembro de 1943, a Polícia Especial enfrentou a tiros uma passeata de estudantes da Faculdade de Direito do Largo São Francisco, com duas vítimas fatais. Tudo indica que os mortos e desaparecidos do Estado Novo, sem guerrilha nem ataques terroristas, superaram em muito os do regime militar. Nunca se fez essa contabilidade. Nesse caso, a disputa pelo presente e pelo futuro pedia que se escondessem os cadáveres.

Getúlio virou um divisor de águas ideológicas na história inventada pelos comunistas, oportunistas e palermas, e é o pai intelectual de João Goulart, o golpista incompetente deposto em 1964. Antes, como agora, "eles" sabem como transformar em heróis seus assassinos. A arqueologia do golpe é um golpe contra o futuro. Viva 2064!

28/3/2014

O samba da presidenta doida

Existe a revisão virtuosa da história. À medida que se descobrem novos documentos, que se apela a saberes não convencionais para as ciências humanas, que se estudam fontes de narrativas antes consideradas fidedignas, o passado pode ganhar novo contorno em benefício da precisão. É o oposto do que está em curso nestes dias, nos cinquenta anos do golpe militar de 1964. A memória histórica foi abolida em benefício da memória criativa e judiciosa. Dilma se tornou a personagem-símbolo desse saber que se erige como nova moral. Na solenidade de privatização do aeroporto do Galeão, resolveu apelar a Tom Jobim e citou o "Samba do avião". Segundo disse, a música ligava o Brasil de hoje ao do passado ao "descrever" a chegada ao país dos brasileiros que voltavam do exílio, depois da anistia, "após 21 anos".

É o samba da presidenta doida. A música é de 1962, o golpe foi desferido em 1964, e a Lei da Anistia é de 1979, quando os exilados, então, começaram a voltar – 15 anos, portanto, depois do golpe, não 21. A canção faz uma evocação lírica do Rio; nada a ver com protesto. Ao contrário até: o narrador revela aquele doce descompromisso bossa-novista: "Este samba é só porque/ Rio, eu gosto de você". Não havia nada de programático a ser interpretado: "A morena vai sambar" queria dizer que a morena ia sambar. Sugiro um estudo aos teóricos do Complexo Pucusp: o mal que o golpe fez à cultura metafórica brasileira.

Na semana passada, lembrei que, em 1987, em vez de reciclar os ódios ao Estado Novo, inaugurado em 1937, o Brasil cuidava do futuro e vivia o processo constituinte, aprovado pela emenda nº 26, de 1985, que tinha a anistia de 1979 como pressuposto. "Anistia" que, por fatalidade da língua, tem a mesma raiz de "amnésia" e significa, para todos os efeitos da política e do direito, "esquecimento". Por óbvio, isso não impede que se procure a verdade, coisa que não cabe a um ente do Estado. Por natureza, vai justificar a ordem de compromissos que o instituiu.

Assim, uma comissão oficial da verdade, lamento!, é mentirosa "ab ovo". Nem o governo negro da África do Sul se negou a apurar atos protagonizados por adversários do apartheid. A do Brasil, contrariando a lei que a instituiu, já deixou claro que sua vocação é demonstrar que o Lobo Mau era mau e que os Chapeuzinhos Vermelhos eram bons.

Num pequeno discurso, Dilma reconheceu, oblíqua e envergonhadamente, a Lei da Anistia e, de novo, elogiou os que tombaram. Na sua lista não estão as 120 pessoas (no mínimo) assassinadas por grupos terroristas, inclusive os de que ela fez parte. Ai de quem se atrever a lembrar, no entanto, os crimes sinistros de poetas da morte como Lamarca e Marighella! Passa a ser tratado por alguns cronistas – que têm de opinião arrogante o que exibem de orgulhosa ignorância – como sócio e partícipe da tortura. Transformam supostos adversários em caricaturas para que fique fácil vencê-los – no boteco ao menos. Fazem com a história o que Dilma fez com o "Samba do avião". Como responder? Jogando no seu colo o corpo despedaçado de Mário Kozel Filho ou o crânio esmagado de Alberto Mendes Júnior? Nem sabem do que falo. Não dá para entrar nesse jogo rasteiro.

Não pretendo voltar ao golpe neste espaço – a menos que ache necessário. O que hoje desperta meu interesse é essa esquerda que se ancora numa falsa gesta do passado para assaltar o futuro, como evidenciam as lambanças na Petrobras e o esforço suarento do petista André Vargas para explicar o lobby no Ministério da Saúde em favor de um doleiro – assunto que vai se tornar ainda mais rechonchudo. O que me mobiliza é fazer a sociologia dessa "burguesia do capital alheio", ainda minha melhor expressão para definir essa gente. Na quarta, um desenhinho animado da presidente, em sua página oficial no Facebook, dava "um beijinho no ombro" para "us inimigo". Uma "Dilma Popozuda" é evidência de arrogância e descolamento da realidade, não de graça. Dilma Bolada está no comando.

4/4/2014

A derrota de Dilma e o Corisco

Alguns números da pesquisa Datafolha acenam com a possibilidade de derrota de Dilma. Nem tanto porque o eleitorado já descobriu a oposição, mas porque ainda não a descobriu. Só 1% dos entrevistados desconhece Dilma – índice que chega a 25% com Aécio e a 42% com Eduardo Campos. Conhecem a presidente "muito bem" 57% – mas só 17% dizem o mesmo do tucano e 8% do peessebista. Não obstante, a rejeição ao trio é de 33%. É óbvio: muitos não votam em Dilma porque sabem quem é ela. Outros tantos não votam em Aécio e Campos porque não sabem quem são eles. E há 72% que querem um governo diferente deste que aí está. Os números perturbaram mais os "teóricos da metafísica do Corisco" do que os petistas.

Quem são esses? É aquela gente que recita a música de Sérgio Ricardo de *Deus e o diabo na terra do sol*, de Glauber Rocha: "Mais fortes são os poderes do povo", atribuindo a Lula e a seu PT o monopólio da representação popular. Tais analistas ainda não entenderam – ou repudiam – a essência do regime democrático, que não se desdobra numa única direção nem num único sentido. Ao contrário: onde quer que a democracia tenha se fortalecido, o poder é pendular, ora pra lá, ora pra cá, em modelos, na prática, bipartidários. A eventual derrota de Dilma não implica uma regressão. O resultado, qualquer que seja ele, se garantidas as regras, fortalece o regime que permite a disputa e que, ora vejam!, forneceu ao PT as condições para derrotar seus adversários em 2002. O aspecto mais virtuoso de uma eleição é a conservação das instituições, não a agenda vitoriosa. Pinta-se um poste para que ele possa ser velho, não para que pareça novo. É Chesterton, não Azevedo.

Mas quê... Bastou o fantasma da derrota assaltar a "metafísica do Corisco" e começou o coro "Volta, Lula!". Rui Falcão fez duas ameaças a Dilma. Indagado sobre a irreversibilidade da sua candidatura, mandou ver: "Irreversível, só a morte". Toc, toc, toc. Se a Soberana quiser, tenho arruda aqui. Deve pôr um galhinho atrás da orelha e rezar três ave--marias. A presidente, que já chamou Nossa Senhora de "deusa" – pondo fim ao monoteísmo cristão –, não vai repudiar a heterodoxia. A gente também é meio macumbeiro, né? Em entrevista à *Folha*, o mesmo Falcão falcoou: "Mas a candidata continua liderando, continua ganhando no primeiro turno, por que você vai mudar?". Ele estabeleceu as condições para que continue candidata.

Lula, claro!, está mais assanhado do que lambari na sanga. Em entrevista à autointitulada, e sincera, categoria dos "blogueiros sujos", avisou que não será candidato, o que corresponde a dizer que o seria se quisesse. Dilma é o estorvo tolerado pela gerência. Um dos, vá lá, entrevistadores ainda sugeriu que, só para confundir os adversários, ele não fizesse tal anúncio: "Deixa eles pensarem...". Seguidores são sempre mais estúpidos do que seu líder. Os abduzidos, na hipótese de que não sejam sicários, são úteis porque, ao emprestar à causa suas certezas absolutas, podem fazer o trabalho sujo como se fosse missão. A crença cega é a morte da convicção.

Lula que volte a disputar se quiser – o problema seria o que fazer com o cadáver adiado de Dilma, para juntar (Deus me perdoe!) Falcão com Fernando Pessoa. O que acho asquerosa é a ilação de que pleito sem ele não é verdadeiramente democrático. Nos meus estudos sobre o regime militar, esbarrei na pena de então solertes defensores da ditadura – e hoje não menos solertes teóricos do "corisquismo" – a justificar assim o Ato Institucional nº 1, de 9 de abril de 1964, que cassava mandatos e suspendia direitos políticos por até dez anos: era "a revolução que legitimava o Parlamento, e não o Parlamento, a revolução". É plágio do Marx de *O 18 de Brumário*, mas tudo bem.

Pois é... Cinquenta anos depois, em abril de 2014, chega a ser escandaloso ter de lembrar que é a democracia que legitima Lula, não Lula, a democracia.

11/4/2014

O voto e a casa da mãe Dilmona

Vamos lá, leitor, exercitar um pouquinho de "pessimismo de combate"? É aquele que levou Carlos Drummond de Andrade a escrever que "lutar com palavras/ é a luta mais vã/ entanto lutamos/ mal rompe a manhã". Na quarta, a Comissão de Constituição e Justiça do Senado aprovou relatório de Roberto Requião (PMDB-PR) proibindo a doação de empresas privadas a campanhas eleitorais. Segundo o senador, aceitá-la corresponderia a acatar a "legitimidade da influência do poder econômico no processo eleitoral e, por consequência, no resultado das eleições". Com muito mais fru-fru, glacê e gongorismo igualitarista, é o que pensa o ministro Roberto Barroso, do STF. Já há uma maioria no tribunal que vai por aí. Se a tese prosperar, o processo eleitoral ficará menos dependente do capital privado e mais dependente da... Petrobras!

    A política brasileira, com frequência, é uma piada macabra com lances de chanchada. Não é surpreendente que um país com tantos recursos e com características demográficas e de formação social que constituiriam janelas de oportunidades ofereça a amplas maiorias uma vida tão ruim, tão insegura, tão sem perspectiva?

    A sociologia, da mais preconceituosa à mais ambiciosamente iluminista, pode ilustrar a melancolia e as "vastas solidões" (Joaquim Nabuco) em que transita o pensamento em Banânia, mas não as explica. A trilha persistente do atraso remete mesmo a uma palavrinha fora de moda, cujo sentido tanto a direita como a esquerda tentaram e têm tentado esvaziar: ideologia. Não há nada de errado com o clima. Não há nada de errado com o povo. Não há nada de errado com a história – todas as nações têm a sua, e o passado, visto à luz das conquistas morais do presente, nunca é meritório. Catastróficos por aqui são os valores que explicam a realidade e que, em larga medida, buscam substituí-la.

O que é aquilo na fala de Requião? Ele jamais vai entender que sonhos de justiça corromperam e mataram mais do que o capital. Talvez tenham salvado mais também. Não são termos permutáveis. Pensem na casa da mãe Dilmona em que se transformou a Petrobras. Parece evidente que Paulo Roberto Costa, o ex-diretor que está em cana, usava, sim, a empresa em proveito próprio, mas fazia também a corretagem a serviço de partidos. Só um idiota ou um rematado canalha (ou ambos num só) não reconhecem que, se a Petrobras fosse uma empresa privada, pagaria menos pelos serviços que contrata porque não seria preciso pagar o Imposto Corrupção.

Venham cá: por que um partido político faz tanta questão de ter a diretoria de uma estatal? Para que suas teses sobre refino de petróleo ou hidrologia triunfem sobre as de seus rivais? Trata-se de uma luta de cavalheiros? Disputam as estatais para alimentar a República dos Ladrões. É cru, eu sei, mas é assim. E Requião, Barroso e outros sábios decidiram que a doação legal de campanha é que faz mal à democracia brasileira.

A disputa sobre mais Estado ou menos na economia e na sociedade não é nova, mas só no Brasil o assalto ao bem público promovido pelo estatismo se transformou numa categoria de resistência dos "oprimidos". Basta ver a tecla na qual petistas e congêneres decidiram bater: criticar a bandalheira na estatal seria falta de amor pelo Brasil. Samuel Johnson disse que o patriotismo é o último refúgio de um canalha porque não conheceu nossos ladrões.

O PT concorda com Requião e com Barroso. O partido enviou uma mensagem aos filiados, no dia 14, cobrando o apoio a uma emenda de "iniciativa popular" que institui o financiamento público exclusivo de campanha e o voto em lista fechada. O objetivo, está lá, é "fazer do PT o protagonista da grande e necessária reforma, que certamente mudará os rumos das eleições em nosso país". Considerando que o PT venceu as três últimas e é o primeiro partido da Câmara e o segundo do Senado, "mudar o rumo das eleições" deve implicar torná-las ociosas. Afinal, o petróleo é nosso, mas a Petrobras é deles.

18/4/2014

O PT começou a morrer. Que bom!

O PT ensaiou uma reação quando veio a público a avalanche de malfeitorias óbvias na Petrobras: convocou o coração verde-amarelo da nação. Tudo não passaria de uma conspiração dos defensores da "privataria", interessados em doar mais essa riqueza nacional ao "sagaz brichote", para lembrar o poeta baiano Gregório de Matos, no século XVII, referindo-se, em tom de censura, aos ingleses e a seu espírito mercantil. Não colou! A campanha não pegou. A acusação soou velha, do tempo em que a ignorância ainda confundia capitalismo com maldade.

Desta vez, parece, os larápios não vão usar o relincho ideológico como biombo. Até porque, e todo mundo sabe disso, ninguém quer nem vai vender a Petrobras. Infelizmente, ela continuará a ser nossa, como a pororoca, o amarelão e o hábito de prosear de cócoras e ver o tempo passar – para lembrar o grande Monteiro Lobato, o pai da campanha "O petróleo é nosso". A intenção era certamente boa. Ele não tinha como imaginar o tamanho do monstro que nasceria em Botocúndia.

Há nas ruas, nas redes sociais, em todo canto, sinais claros de enfraquecimento da metafísica petista. Percebe-se certo cansaço dessa estridência permanente contra os adversários, tratados como inimigos a serem eliminados. Se, em algum momento, setores da sociedade alheios à militância política profissional chegaram a confundir esse espírito guerreiro com retidão, vai-se percebendo, de maneira inequívoca, que aquilo que se apresentava como uma ética superior era e é apenas uma ferramenta para chegar ao poder e nele se manter.

A arte de demonizar o outro, de tentar silenciá-lo, de submetê-lo a um paredão moral seduz cada vez menos gente. Ao contrário: há uma crescente irritação com os estafetas dedicados a tal tarefa. Se, antes, nas redes sociais, as críticas ao petismo eram tímidas, porque se temia a polícia do pensamento, hoje elas já são desassombradas. E se multiplicam. Os blogs sujos viraram caricatura. A cultura antipetista está em expansão. E isso, obviamente, é bom.

Notem: não estou a fazer previsões eleitorais. Não sei se Dilma será ou não reeleita; não me importa se o PT fará mais parlamentares ou menos; mais governos de Estado ou menos. Quem me lê deve supor meu gosto para cada uma dessas possibilidades. Ainda que o partido venha a ter o melhor desempenho de sua história, terá começado a morrer mesmo assim. Refiro-me, à falta de expressão mais precisa, a uma "agitação das mentalidades" que costuma anunciar as mudanças realmente relevantes.

Pegue-se o caso do PT: não nasceu em 1980. Surgiu alguns anos antes, de demandas geradas por valores a que a política institucional, as esquerdas tradicionais e o nacionalismo pré--64, que remanescia, já não conseguiam responder. À diferença do que ele próprio deve pensar, Lula não inventou o PT. O espírito do tempo é que inventou Lula.

"Ah, mas a oposição não tem projeto!" A cada dia, fica mais evidente que essa história de "projeto" é conversa para embalar idiotas. Não é preciso parir a novidade a cada eleição.

Ao contrário: o espírito novidadeiro costuma traduzir um vazio de ideias. Estancar a ladroagem nas estatais é uma boa proposta. Parar de flertar com a inflação é uma boa proposta. Desmontar o aparelhamento do Estado é uma boa proposta. Estabelecer parcerias com o setor privado, em vez de comprar sua adesão com subsídios e renúncia fiscal, é uma boa proposta. E nada disso compõe, exatamente, um "projeto". A propósito: qual é o do PT?

Se querem, para o bem do país, tirar Dilma do trono, seus adversários devem se ocupar menos de encontrar a "pedra filosofal da oposição" do que de lembrar que estão a falar com um povo, na média, decente, a cada dia menos tolerante com bandidos que prometem nossa salvação. Espero que Aécio Neves e Eduardo Campos descubram, finalmente, a força dos indivíduos e de seu senso de moralidade. São eles que criam o espírito do tempo. E que formam o povo.

25/4/2014

Os vivos e os mortos

Duas mortes recentes demonstraram que, a depender do tema, a imprensa, na média, renuncia aos fatos e se deixa conduzir por uma espécie de ente superior, a ditar o que é "politicamente conveniente". Passei a empregar essa expressão em lugar de "politicamente correto". Não há nada de incorreto em ser correto. Não dá é para ser covarde ou para sufocar o fato com a ideologia.

A polícia ainda investiga as condições em que morreu o coronel Paulo Malhães, o homem que confessou ter torturado presos políticos e escondido corpos. Pareceu-me, em determinados momentos, que ele lutava para manter ainda colada ao cérebro a consciência fugidia. Lá estava o olhar de um mitômano sem presente e sem futuro, só com um passado terrível, posto na ribalta. Mas vocês sabem como é... A verdade não tem tempo para certas sutilezas, especialmente quando a história "certa" já foi contada e se buscam apenas personagens exemplares para encarnar os papéis do vilão e do mocinho. Malhães morreu, e alguns mistificadores tonitruaram: "Cuidado com a direita! Ela está de volta! Esmaguemos suas muitas cabeças antes que sejamos esmagados". Ou por outra: defenderam um paredão coletivo e preventivo em nome do bem! São as almas pias que tentam confundir, entre outras delicadezas, um liberal com um torturador.

A morte provocou certa histeria na imprensa, que decretou "queima de arquivo". Nessa hipótese, ter-se-ia formado, creio, um bando de velhinhos torturadores – o facínora júnior teria uns 70 e poucos; o sênior, mais de 90 – para exterminar "traidores" da causa, ainda que tal designação não coubesse exatamente ao coronel. Afinal, ele afirmou ter praticado, sim, coisas horríveis, mas pôs tudo na conta do dever cumprido. Também não citou nomes.

Por que "os porões reagiriam"? Ainda que os vovozinhos da tortura não executassem pessoalmente a tarefa, teriam de estar notavelmente organizados para, com um braço ágil e operativo, partir para a ação direta. Ora, se estão estruturados o bastante para matar um dos seus, por que não, então, para eliminar alguns dos inimigos de antes? A hipótese era ridícula de saída. E ousei escrever isso desde o primeiro dia, o que me rendeu as simpatias costumeiras dos pistoleiros das palavras.

O exame do corpo constatou que Malhães não morreu sufocado, mas de ataque cardíaco. O caseiro da chácara confessou que organizou o assalto em companhia dos irmãos. Queriam as armas que o coronel colecionava. Os que viram no caso mais uma evidência de que a direita pré-Jango (Deus do Céu!) estava se reorganizando não se deram por vencidos. Como é que os fatos ousam desafiar a interpretação conveniente, aquela que põe no seu devido lugar moral os atores de… 1964?

A regina-casezação da morte do bailarino Douglas Rafael, num contexto que se mostra a cada dia mais complexo, para dizer pouco, serviu de esquenta para a satanização da polícia, não dos maus policiais. Tenho, sim, críticas severas à política de segurança pública de José Mariano Beltrame, mas elas nada têm a ver com a presença da PM nas favelas. Ignorar, ou deixar de noticiá-lo com clareza, que o narcotráfico transformou o rapaz num totem e que sua morte está servindo de instrumento de luta política do crime organizado corresponde a fazer assessoria de imprensa para a bandidagem. E com direito a muitas lágrimas das celebridades globais, que, como lembrou Ruy Castro na *Folha*, não comparecem ao enterro de policiais assassinados. Ora, ninguém dá bola para pobres reacionários de farda. Eles desafiam a fantasia daquela suposta integração da Cidade Maravilhosa, sem pecado e sem perdão. A proximidade entre asfalto e morro no Rio resulta, às vezes, num cruzamento malsucedido. Cada um transmite ao outro o que tem de pior.

Os que querem "lutar por um mundo melhor" e têm pretensões de reformar a humanidade deveriam abandonar o jornalismo. Fundem ONGs ou partidos a mancheias! Deixem a profissão para os que gostam dos fatos.

2/5/2014

Fabiane e a maçã envenenada

Fabiane Maria de Jesus, a mulher que foi espancada até a morte no bairro de Morrinhos, no Guarujá, começou a ser agredida porque, ao oferecer uma banana a uma criança, foi confundida com um fantasma criado pela irresponsabilidade de uma página na internet. Tomaram-na por uma sequestradora de crianças, que usaria os infantes em rituais de magia negra.

Trata-se de uma história infantil de desfecho trágico. Lá estava a bruxa da hora oferecendo uma maçã envenenada – no caso, a banana – a um inocente. O mal se apresentava nas vestes do bem, a fazer uma doação para conspurcar a pureza. À diferença da narrativa original, esta não teve um desfecho feliz. A bruxa era só uma dona de casa que tinha ido buscar a Bíblia que esquecera na igreja. A fruta que ela oferecia era mesmo uma doação. Dava pão a quem tinha fome, a primeira virtude. Seus algozes mancharam as mãos de sangue e, no entanto, até onde se sabe, não tinham um histórico de crimes.

Li muito a respeito. Há tentações para todos os gostos. Como é que gente trabalhadora, que luta para ganhar a vida, pratica esses desatinos? "Sou homem, e nada do que é humano é estranho a mim", escreveu Terêncio. Ainda que a frase possa servir à especulação teórica e que carreguemos em nós todo horror e toda maravilha, não creio que se possa avançar muito por aí. A questão é outra: quem vai conter a besta? Pensadores os mais diversos deram sua resposta ao longo da história.

Houve quem recomendasse um Estado tirano como o único capaz de disciplinar os apetites humanos. Não me parece um bom caminho. Só açula a... besta!

Percebo, de um lado, a tentativa de buscar na nossa formação algo que explique a tragédia; no outro extremo, procuram-se eventos recentes que teriam gerado algum desequilíbrio, de sorte que aquele povo pacífico, mas potencialmente violento, teria voltado à sua natureza. Acho tudo exagerado e despropositado. Não há nenhuma ocorrência que explique a barbárie. Número a número, o Brasil melhora sempre um pouco, em vez de piorar. Também não se trata de uma índole. Não temos de temer nossa natureza, só nossas escolhas.

Entrem na internet. Há linchamentos diários de norte a sul do país. Não é uma novidade. Nova é apenas a tecnologia que permite que fiquemos sabendo desses atos criminosos. É bem possível que, no mais das vezes, as vítimas não sejam inocentes, como era Fabiane. E daí? O assassino mais facinoroso tem, e deve ter, o direito a um julgamento justo. Se essa noção não está interiorizada e não se transforma num dado de civilização, então se caminha para o pior dos mundos. Mas esperem um pouco!

Que país o nosso, não é!? Notaram como temos Estado de mais em petróleo e de menos em segurança pública? Notaram como temos Estado de mais em energia elétrica e de menos em educação? Notaram como temos Estado de mais no setor bancário e de menos em saneamento e urbanismo? Esse Estado é gigantesco e tentacular, mas está onde não deve e não está, não de modo eficiente ao menos, onde deve. Para os que lincharam Fabiane, ela era uma criminosa, e se cultiva a certeza por lá e em toda parte de que os criminosos, neste país (como diria aquele), permanecem impunes – o que é verdade com uma frequência assombrosa. Há mais de 50 mil homicídios por ano no Brasil.

Os assassinos improvisados de Fabiane carregam nas costas um Estado que não conhecem e conhecem um Estado que não existe para eles. Organizam, então, tribunais populares, nos quais, como prova a história, a inocência é sempre a primeira vítima. Têm, sim, de pagar caro por seu ato bárbaro. Mas também vão expiar a culpa de um modelo de que são vítimas.

E arremato observando que, nos últimos tempos, há um indiscreto incentivo no país ao "faça você mesmo sua justiça social", sem dar bola para as leis. Não se iludam: quem flerta com depredadores do bem público, com invasores da propriedade alheia e com incendiários da ordem democrática – leu bem, presidente Dilma? – está dando uma piscadela a linchadores. É a maçã envenenada da desordem.

9/5/2014

Os Pestanas e o terrorismo do PT

Aloizio Mercadante, ministro da Casa Civil, confessou à *Folha*, em entrevista publicada na quarta-feira, que o governo segura as tarifas para controlar a inflação. Chamou tal prática de "política anticíclica", o que certamente deixou de cabelo em pé economistas gregos e troianos, guelfos e gibelinos, liberais e desenvolvimentistas, carnívoros e herbívoros. A originalidade de seu pensamento econômico sempre foi assombrosa. Estou certo de que, ao fazer a revelação, experimentou no cérebro o mesmo frêmito que Pestana, a personagem de Machado de Assis de "Um homem célebre", experimentava na ponta dos dedos quando sentia que a grande obra estava a caminho – a definitiva, aquela que o alçaria ao panteão dos gênios... E, no entanto, coitado do Pestana!, lá lhe saía mais uma polca. Seguiu até o fim da vida condenado a fazer... polcas!

O Pestana da Dilma julgou que estava tendo uma grande ideia: "Agora levo as oposições para o ringue, faço-as defender a correção de tarifas de combustíveis e energia, e a gente, em seguida, as acusa de inimigas dos pobres e de defensoras da inflação". Ninguém caiu no truque porque é óbvio demais. E ainda restou a suspeita de que Mercadante estava no conto errado de Machado. Teria ficado melhor no papel de Simão Bacamarte, o médico de loucos, que não batia bem dos pinos. Quem teve de contestá-lo foi Guido Mantega, que, para incredulidade geral, negou que os preços estejam represados. A que extremos nos leva o petismo, não é mesmo? Entre a verdade indecorosa e a mentira decorosa! Nos dois casos, os propósitos não são bons. É um concerto de Pestanas.

No mesmo dia em que Mercadante derramou sua falta de sabedoria sincera, o PT levou ao ar uma peça publicitária infame, opondo um presente que não há a um passado que não houve: na gestão tucana, a fome, a miséria, o abandono e a desesperança resumiram o Brasil; no governo companheiro, o contrário. Uma voz cavernosa alerta: "Não podemos deixar que os fantasmas do passado voltem e levem tudo o que conseguimos com tanto esforço. Nosso emprego de hoje não pode voltar a ser o desemprego de ontem. Não podemos dar ouvidos a falsas promessas. O Brasil não quer voltar atrás".

Eu poderia me estender aqui sobre o caráter essencialmente fascistoide desse entendimento da política, que busca excluir o outro do mundo dos vivos – Lula chegou a dizer que a "reeleição de Dilma será a desgraça da oposição" –, mas acho que esse aspecto perdeu relevância.

Depois de quase doze anos no poder, o PT não tem futuro a oferecer. Por mais que o filminho de João Santana tenha suas espertezas técnicas, a verdade é que a peça terrorista revela o esgotamento de uma mitologia, e tenho cá minhas desconfianças se o vídeo não será contraproducente, ainda que peças assim sejam submetidas previamente a pesquisas qualitativas.

A linguagem e a estética de esquerda repudiam, por natureza, o presente. Sem os amanhãs sorridentes, o dia que virá, a Idade do Ouro, como cobrar o sacrifício do povo, sua mobilização, seu ímpeto revolucionário, suas paixões sanguinolentas? Nas campanhas petistas de 2002, 2006 e 2010, o passado era demonizado, sim, mas o eixo estava num presente que mirava o futuro. Jamais me esquecerei daquelas grávidas descendo uma colina ao som do *Bolero*, de Ravel, cena que chamei, então, de "A marcha das Rosemarys" – sim, referia-me ao filme de Roman Polanski. Na peça publicitária terrorista que foi ao ar na quarta, o eixo está num presente que contempla o passado, faccioso e fictício como sempre. Restou ao governo Dilma o discurso reacionário. O que aquelas grávidas tinham a dar à luz está aí.

Estou a antever a derrota de Dilma? Ainda não. Apenas evidencio que o PT não tem mais nada a oferecer. Se emplacar mais quatro anos de mandato, o país ficará refém da capacidade de planejamento e de administração de gestores e estrategistas como Aloizio Mercadante e Guido Mantega. Se a presidente for reeleita, são eles os portadores da utopia. E isso parece pavoroso.

16/5/2014

O nome da baderna é Dilma

O PT é um partido da ordem. Ocupa postos-chave na administração que lhe conferem a responsabilidade de manter em funcionamento a sociedade do contrato. Ocorre que esse partido tem a ambição de ser também o monopolista da desordem e, por isso, conserva no Planalto um ministro como Gilberto Carvalho. O secretário-geral da Presidência é o encarregado de fazer a tal "interlocução" com os ditos "movimentos sociais".

Segundo, por exemplo, a ótica perturbada dos coxinhas vermelhos do PSOL e assemelhados – os revolucionários do Toddynho com Sucrilhos –, os petistas fariam, na verdade, um trabalho de cooptação das massas, apropriando-se de sua energia revolucionária e sacrificando-a no altar do capital. É só tolice barulhenta, mas alguns empresários de cabeça oca e bolso cheio de grana do BNDES concordam, a seu modo, com a tese e saúdam o petismo por supostamente conter o povo. Até parece que trabalhador, deixado à sua própria sorte, escolhe Karl Marx em vez de TV LED.

Quem está certo? Os Robespierres de si mesmos ou os oportunistas do subsídio? Ninguém! Os petistas nem sugam a energia revolucionária do povo (isso não existe!) nem a ordenam. Hoje e desde sempre, instrumentalizam insatisfações em favor do fortalecimento do aparelho partidário, que cobra da sociedade uma espécie de taxa de proteção. A prática é mafiosa:

"Votem em nós, ou não tem mais Bolsa Família". "Votem em nós, ou não tem mais Bolsa BNDES." Adiante.

Não vou aqui apelar ao nascimento das musas para identificar a gênese das jornadas de junho de 2013, mas a história isenta ainda contará que elas nasceram no momento em que o PT, convocado a dizer "não" à desordem e a se comportar como um partido da ordem, fez exatamente o contrário, articulando-se para que a bomba explodisse no colo de um adversário político – no caso, o governador Geraldo Alckmin. Os esforços do ministro da Justiça, José Eduardo Cardozo, para desestabilizar e desmoralizar a polícia de São Paulo só não mereceram uma medalha da Honra ao Mérito petista porque ele foi incompetente e desastrado. O tiro saiu pela culatra.

Não há grupo baderneiro com viés de esquerda que não tenha sido levado ao Palácio do Planalto para conversar. O método consagrado para ser ouvido na República obedece à gradação dos celerados: quebrar, incendiar, invadir, bater e – como esquecer o cinegrafista Santiago Andrade? – matar. A raiz do caos que viveu São Paulo na terça e na quarta desta semana não está numa disputa por poder num sindicato de motoristas. Isso sempre existiu, com uma penca de cadáveres, diga-se. A gênese dos métodos terroristas empregados está no Palácio do Planalto.

"Ah, a direita sempre quer resolver tudo na porrada!" Não! Esse é Fidel Castro. É Kim Jong-un. É Xi Jinping. Acho que as demandas têm de ser resolvidas de acordo com leis democraticamente pactuadas. E penso que só é tolerável que existam um Estado e uma burocracia cara se esses entes puderem manter as regras da civilidade para arbitrar as diferenças.

É que não tenho projeto de poder e, portanto, não preciso ser um cafetão do caos.

Na quarta-feira, Carvalho, o interlocutor oficial da desordem, concedeu uma entrevista a "blogueiros". Disse que a imprensa é a responsável pelo "mau humor" dos brasileiros. Acusou ainda o jornalismo de sonegar informações e de investir num "envenenamento mais ou menos generalizado". Para ele, há uma excessiva "editorialização da opinião". Carvalho, o stalinista disfarçado de santarrão de sacristia, acha que uma opinião não pode ser editorializada! Entendo.

Depois ele voltou ao prédio em que despacha a presidente da República para dar continuidade à sua "interlocução" com extremistas minoritários os mais variados, que transformam a vida cotidiana dos brasileiros num inferno. Não há escapatória: o atual nome da baderna é Dilma Rousseff. É quem, podendo mandar muito, não manda nada. Por quanto tempo mais?

23/5/2014

O Partido do Crime

Não se trata de um evento trivial. Luiz Moura (PT-SP), deputado estadual, foi surpreendido numa reunião na sede da Transcooper, uma cooperativa de vans e micro-ônibus, de que ele é presidente de honra, em companhia de treze pessoas que, segundo a polícia, são ligadas ao PCC. Um assaltante de banco foragido participava do convescote. Segundo a polícia, o encontro tinha o objetivo de planejar novos incêndios contra ônibus na capital. Os veículos atacados pertencem invariavelmente a empresas privadas, nunca às tais cooperativas.

Moura integra o grupo político de Jilmar Tatto, deputado federal licenciado (PT-SP) e secretário de Transportes da gestão Fernando Haddad. O próprio Tatto é muito influente nisso que já foi chamado "transporte clandestino", tornou-se "alternativo" e acabou sendo oficializado. Hoje, as cooperativas celebram contratos bilionários com a prefeitura.

Não há um só jornalista ou um só político de São Paulo que ignore o fato de que o PCC se imiscuiu na área de transportes por meio de cooperativas. Em 2006, foi preso um sujeito chamado Luiz Carlos Efigênio Pacheco, então presidente da Cooper-Pam. Conhecido como Pandora, o homem foi acusado de financiar uma tentativa de resgate de presos de uma cadeia de Santo André. Ele negou ligação com o crime organizado, mas disse que, por ordem de Tatto, então secretário de Transportes da gestão Marta Suplicy, levou para sua cooperativa integrantes do PCC. O chefão petista repeliu as acusações. Só não pôde repelir sua óbvia proximidade com as ditas cooperativas e o incentivo que deu, ao longo de sua carreira, a essa, vá lá, "modalidade de transporte".

Há muito tempo a PF já deveria ter se interessado por esse assunto – e não só em São Paulo. Seja o deputado Luiz Moura culpado ou não – já volto a seu caso –, o transporte público tem sido uma das portas de entrada do crime organizado no Estado brasileiro. O setor está se transformando numa lavanderia do dinheiro sujo, com tentáculos no Executivo e no Legislativo. Para saltar para o Judiciário, se é que já não ocorreu, é questão de tempo.

Agora volto a Moura. Na quarta-feira, o deputado discursou na Assembleia Legislativa. Ele se disse inocente e afirmou que está sendo perseguido pela imprensa. Entenda-se por "imprensa", leitor amigo, aquela gente que decide noticiar o que é notícia, o que costuma incomodar os companheiros, daí que eles tenham convencido a presidente Dilma a abraçar a tese da "regulação da mídia". Li, na quinta, na *Folha*, a seguinte declaração de Moura: "Hoje, a imprensa, indiscriminadamente, noticia que fui um ladrão, que fui um assaltante, sempre relembrando o passado. E a Constituição é muito clara: diz que todo cidadão tem o direito de se recuperar".

Bem, em primeiro lugar, ele realmente foi "ladrão e assaltante". E não cumpriu os doze anos de pena a que foi condenado porque fugiu. No dia 5 de janeiro de 2005, ao obter o perdão judicial – e isso também foi noticiado –, assinou uma declaração de pobreza em juízo, afirmando "ser pobre na acepção legal do termo, não tendo, portanto, condições de prover as custas e demais despesas processuais e o ressarcimento da vítima, sem prejuízo do sustento próprio e de sua família". Tadinho!

Quatro anos depois, ele já era dono de um posto de gasolina onde funcionava um caça-níqueis. Ao concorrer a deputado federal, em 2010, declarou à Justiça Eleitoral um patrimônio de R$ 5.125.587,92 (mais de R$ 1 milhão por ano, desde aquela sua pobreza fabulosa). Pergunta: agora que é milionário, fez alguma coisa para "ressarcir a vítima"?

No PT, Moura já não é um qualquer. Na sua festança de aniversário, a figura de destaque foi Alexandre Padilha, ex-ministro e pré-candidato do PT ao governo de São Paulo. Discursou com entusiasmo. Se Padilha vencer, Moura poderá ajudá-lo a cuidar da área de transportes, como ajudou Marta Suplicy e Fernando Haddad. Está em sua honrada biografia.

30/5/2014

Dilma, mais quatro anos pra quê?

Jornalistas estrangeiros perguntaram à presidente Dilma Rousseff por que a economia cresce tão pouco. Ela disse não saber. Foi sincera. Não sabe mesmo. Como não tem o diagnóstico, falta-lhe o prognóstico. Entre o passado, que ela ignora, e o futuro, que ela não antevê, há este enorme presente à espera de medidas corretivas e profiláticas. Ocorre que seu governo é como seu discurso: um caos de fragmentos de ideias nem sempre muito claras, (des)ordenadas por locuções fora do lugar "no que se refere" [sic] ao que tem de ser feito. Ninguém entende nada, a começar pela própria Dilma.

Dia desses, o ex-presidente Lula julgou ter encontrado a razão do *malaise*. Os empresários, de mau humor, teriam deixado de investir. É mesmo? É próprio das cabeças autoritárias – e esse é o caso do Babalorixá de Banânia – transformar dificuldades que são objetivas, que são técnicas, que têm origem em decisões equivocadas, em mera indisposição subjetiva. Há quanto tempo estão dados os sinais de que o crescimento da economia, ancorado no consumo interno, havia esgotado seu ciclo? Assim como teve início em razão de circunstâncias que não eram do nosso controle, expirou por motivos igualmente alheios à nossa vontade. E lá ficou Guido Mantega a fazer previsões de crescimento – coitado! –, inicialmente, com margem de erro de dois pontos. Como a situação se deteriorou, ela já está em três...

Dilma pleiteia mais quatro anos, e eu fico cá a me perguntar – e espero, sim, que esta dúvida se alastre: pra quê? Com que amanhãs sorridentes ela vai acenar que não tenha podido oferecer nesse tempo em que esteve à frente do governo, liderando uma base parlamentar que, no Ocidente, só deve ser menor do que a de Cuba? Qualquer analista razoável sabe que as circunstâncias vindouras são ainda piores do que as do passado recente. O que poderia fazer a presidente, num cenário ainda mais inóspito, que não tenha conseguido operar em condições mais favoráveis? A resposta é um conjunto vazio.

Mais do que a indignação estridente dos grupelhos de extrema esquerda que estão nas ruas – estes só contribuem para turvar a visão da presidente –, Dilma tem de temer é o silêncio meio melancólico, mas não menos indignado, do homem comum, daquele que não tem uma agenda ideológica e que não pretende reformar a humanidade desde o fim. Contentar-se-ia com uma escola melhor, com uma saúde melhor, com um emprego melhor, com um salário melhor, com uma vida mais previsível. Eu sei, Dilma sabe e sabem os economistas e especialistas que os "gastos com a Copa", se investidos em saúde e educação, seriam de uma danada irrelevância. A conta é falsa, mas o problema para o qual aponta essa não solução é verdadeiro.

De 2002 para cá, o cenário de agora é o mais adverso enfrentado pelos petistas. As migalhas compensatórias já não têm a mesma força de antes para sustentar um projeto de poder. Parece haver no país uma ambição um pouco maior do que a da pobreza agradecida, que reverencia o nhonhô. Está certo o tucano Aécio Neves quando propõe que os programas sociais, ditos de "transferência de renda", passem à condição de políticas de Estado. De resto, eles devem ser apenas o começo da conversa, não o fim. É preciso acabar com a prática nefasta de chantagear os pobres.

A campanha que o PT levou à TV indica que, sem diagnóstico nem prognóstico, restou apenas o terrorismo eleitoral. Dilma pretende que o medo desinformado vença não a esperança, mas as possibilidades de mudança. Pior: sem conseguir entusiasmar nem sua própria grei, cede a apelos "esquerdopatas" como "controle social da mídia" e criação da sociedade civil por decreto, evidenciando que, sob pressão, pode, sim, voltar à sua natureza. Mais quatro anos pra quê?

6/6/2014

Dilma de Caracas

Com alguma impaciência, noto que há certos analistas com muita opinião e nenhuma memória. É claro que se pode ter uma sem outra. E outra sem uma. Memória sem opinião é banco de dados. Opinião sem memória é tolice. Trato do decreto comuno-fascistoide de Dilma Rousseff, o 8.243, que institui a tal Política Nacional de Participação Social e entrega parte da administração federal aos "movimentos sociais", num processo de estatização da sociedade civil.

Sempre que alguém especula sobre a crise da democracia representativa, procuro ver onde o valente esconde o revólver. O assunto voltou a ser debatido nos últimos dias em razão do decreto que chega a definir, Santo Deus!, o que é sociedade civil. E o faz com a ousadia do autoritarismo temperado pela estupidez. Lê-se lá: "Sociedade civil – o cidadão, os coletivos, os movimentos sociais institucionalizados ou não institucionalizados, suas redes e suas organizações". Quando um governo decide especificar em lei que o "cidadão" é parte da sociedade civil, cabe-nos indagar se é por burrice ou má-fé. Faço minha escolha.

O "indivíduo" só aparece no decreto para que possa ser rebaixado diante dos "coletivos" e dos "movimentos sociais institucionalizados" e "não institucionalizados", seja lá o que signifiquem uma coisa, a outra e o seu contrário. Poucos perceberam, como fez Oliveiros S. Ferreira, em artigo publicado em *O Estado de S. Paulo*, que o decreto 8.243 institui uma "Justiça paralela" por intermédio da "mesa diálogo", assim definida: "mecanismo de debate e de negociação com a participação dos setores da sociedade civil e do governo diretamente envolvidos no intuito de prevenir, mediar e solucionar conflitos sociais".

Ai, ai, ai... Como a Soberana já definiu o que é sociedade civil, podemos esperar na composição dessa mesa o "indivíduo" e os movimentos "institucionalizados" e "não institucionalizados". Se sua propriedade for invadida por um "coletivo", por exemplo, você poderá participar, apenas como uma das partes, de uma "mesa de negociação" com os invasores e com aqueles outros "entes". Antes que o juiz restabeleça seu direito, garantido em lei, será preciso formar a tal "mesa"...

Isso tem história. No dia 19 de fevereiro, o ministro Gilberto Carvalho participou de um seminário sobre mediação de conflitos.* Com todas as letras, atacou a Justiça por conceder liminares de reintegração de posse e censurou o Estado brasileiro por cultivar o que chamou de "uma mentalidade que se posiciona claramente contra tudo aquilo que é insurgência". Ou por outra: a insurgência lhe é bem-vinda. Parece que ele tem a ambição de manipulá-la como insuflador e como autoridade.

Vocês se lembram do Programa Nacional-Socialista dos Direitos Humanos, de dezembro de 2009? É aquele que, entre

---

* "As palavras aparentemente doces de um ministro que na prática quer relativizar a propriedade privada e cassar prerrogativas da Justiça". Veja.com, 21/2/2014. Disponível em: http://abr.ai/1lkunwF.

outros mimos, propunha mecanismos de censura à imprensa. Qual era o Objetivo Estratégico VI?* Reproduzo trecho:

> a. Assegurar a criação de marco legal para a prevenção e mediação de conflitos fundiários urbanos, garantindo o devido processo legal e a função social da propriedade.
> [...]
> d. Propor projeto de lei para institucionalizar a utilização da mediação como ato inicial das demandas de conflitos agrários e urbanos, priorizando a realização de audiência coletiva com os envolvidos [...] como medida preliminar à avaliação da concessão de medidas liminares [...].

Dilma resolveu dar uma banana para o Congresso e, em vez de projeto de lei, que pode ser emendado pelos parlamentares, mandou logo um decreto. As Polianas que fazem o jogo dos contentes acusam os críticos do decreto de exacerbação retórica e dizem que a trajetória do PT não revela tentações bolivarianas. Não? Fica para outra coluna. Nego-me a ignorar o que está escrito para ser árbitro de intenções. Pouco me interessa o que se passa na alma do PT. Eu me ocupo é dos fatos. Dilma tem de recuar. Brasília não é Caracas.

13/6/2014

---

* "O suposto decreto dos direitos humanos prega um golpe na Justiça e extingue a propriedade privada no campo e nas cidades". Veja.com, 7/1/2010. Disponível em: http://abr.ai/1lkLvSS

O nacional-socialismo petista

Sim, eu estava perplexo com o "Dilma, vai tomate cru!". Pensava: "O que aconteceu com o povo cordial dos que não leram Sérgio Buarque de Holanda e dizem que nosso povo é cordial?". Muitos cronistas se arrepiaram de emoção com o hino a capela e de horror com o protesto, especialmente porque quem cantou uma coisa também cantou outra. Deve ser bom se arrepiar por tão tolos motivos… De súbito, apareceu o coro dos Catões dispostos a moralizar a República, rebaixando os torcedores a uma "elite branca sem calo na mão". Houve até quem pedisse desculpas a Dilma em nome dos brasileiros! Em meu nome? Não endosso xingamentos. Mas eu é que espero que a Soberana se desculpe por ter usado meu dinheiro para tirar uma casquinha eleitoral da Copa. Ela não tem o direito moral de recorrer à rede nacional para não ouvir o Itaquerão.

O PT pode se perder nos fatos, e está perdido, mas sempre se arranja nas versões. Esta semana foi tomada por uma avalanche de notícias assegurando que as vaias foram excelentes para a presidente porque ela pôde, assim, exercer o poder da vítima. Não é Nietzsche, mas malandragem política. As vaias e os xingamentos teriam servido à estratégia petista de fazer a luta do "nós" (a turma do amor) contra "eles" (a turma do ódio). Então tá!

Se assim é, se, há tempos, os petistas esperavam uma boa notícia para a campanha eleitoral, e se as vaias e os xingamentos ajudaram o PT a encontrar um discurso, o que dizer? Vai ver os companheiros decidiram se comportar como Odorico Paraguaçu, de *O bem-amado*, de Dias Gomes. Quando ele queria um pretexto para empastelar o jornal da oposição, mandava pichar na parede: "Odorico é ladrão". Se as ofensas são um ativo eleitoral, quanto mais, melhor! O PT me obriga a ser binário: então quem vaia vira cabo eleitoral de Dilma. Qual é a razão do chororô?

É evidente que o lado positivo da vaia é cascata. Essa versão é obra de *spin doctors*, cujo trabalho só é efetivo quando conta com a opinião abalizada de "especialistas" e com a sujeição voluntária ou involuntária da imprensa.

No dia seguinte à vaia, o PT e suas franjas no jornalismo e no subjornalismo a soldo já espalhavam a versão de que a hostilidade era obra da "elite branca", em conluio com a oposição e com a imprensa. Desta feita, o partido inovou. O senhor Alberto Cantalice, seu vice-presidente, publicou no site da legenda uma primeira lista de profissionais do mal: Reinaldo Azevedo, Augusto Nunes, Diogo Mainardi, Lobão, Demétrio Magnoli, Danilo Gentili, Guilherme Fiuza, Marcelo Madureira e Arnaldo Jabor.

Segundo ele, nossas "pregações nas páginas dos veículos conservadores estimulam setores reacionários e exclusivistas da sociedade brasileira a maldizer os pobres e sua presença cada vez maior nos aeroportos, nos shoppings e nos restaurantes", de sorte que "o subproduto dos pittbuls [sic] do conservadorismo teve seu ápice nos xingamentos torpes e vergonhosos à presidenta" – aqueles mesmos que, dizem os próprios petistas, fizeram um imenso bem a Dilma...

É calúnia e difamação, mas isso é para o tribunal. Falas como a do senhor Cantalice têm história. Fiz uma tradução do discurso proferido por Goebbels no dia 10 de fevereiro de 1933, onze dias depois de Hitler ter assumido o cargo de chanceler.* Seu alvo era a "imprensa judaica", que acusava de "ameaçar o movimento nacional-socialista". Advertiu: "Um dia nossa paciência vai acabar, e calaremos esses judeus insolentes, bocas mentirosas!". Cumpriu a ameaça.

À lista de Cantalice seguiu-se um previsível silêncio na própria imprensa – vai ver somos mesmo os "judeus insolentes" da hora. Mais uma advertência de Goebbels para quem está aliviado por ter sido poupado: "E, se outros jornais judeus acham que podem, agora, mudar para nosso lado com suas bandeiras, então só podemos dar uma resposta: 'Por favor, não se deem ao trabalho!'".

Pronto! Já escrevi o que queria, menos uma coisa: "Goebbels, vai tomate cru!".

20/6/2014

---

* "Somos os judeus insolentes do petismo. Ou: um dia a gente cala vocês". Veja.com, 20/9/2010. Disponível em: is.gd/iOAfO5.

Black blocs do Carvalho!

Enquanto o país amargava muitos milhões de prejuízo com a ação de bandidos mascarados, fantasiados de rebeldes, o ministro Gilberto Carvalho batia um papinho com eles, conforme confessou à repórter Natuza Nery, da *Folha*. O petista incorre, assim, nas alíneas 9 do artigo 7º e 4, 5 e 7 do artigo 8º da Lei 1.079: crime de responsabilidade. Pena: perda da função pública e dos direitos políticos por cinco anos. Estão à disposição os respectivos arquivos desta coluna, do meu blog e do programa diário que mantenho na rádio Jovem Pan. Evidenciam o que penso sobre black blocs e manifestações violentas. Por mim, a canalha tem de ser enquadrada nos artigos 15 a 19 da Lei 7.170, a de Segurança Nacional.

Carvalho e seu partido, então, é que passam a mão na cabeça de bandidos. Com quem mais ele pretende conversar? Fernandinho Beira-Mar? Marcola? A propósito: aquele encontro do deputado estadual petista Luiz Moura (SP) com membros do PCC fazia parte dessa rotina de diálogos? O site do PT publicou uma lista negra com o nome de nove pessoas, eu entre elas. Consta que nossos "paroxismos odientos" se revelariam "com mais clarividência na Copa do Mundo". O texto é de Alberto Cantalice, vice-presidente da legenda. Esse outro apedeuta certamente ignora o que seja "clarividência". Se clarividente eu fosse, não seria Cantalice a perceber.

Escrevi dezenas de vezes que considero despropositada a oposição entre "estádios" e "verbas para a saúde e a educação". Chamei de besteira o "Não vai ter Copa". Cobrei ordem. Carvalho e seus companheiros é que investiram na desordem desde junho do ano passado, na esperança de que a conta caísse no colo de Geraldo Alckmin e da PM paulista. O ministro tentou estatizar até os rolezinhos e transformá-los numa guerra racial.

Não! Eu não elogio Carvalho por ter negado a besteira dita pelo PT e seus esbirros na imprensa, segundo a qual as vaias a Dilma são coisa da elite branca. A tese de Carvalho é pior. Ele admite que o mal-estar "gotejou" (!?) nos pobres, mas atribui a contaminação à "imprensa conservadora". Em conversas por aí, deixa claro que sou seu "conservador", digamos, predileto. Já estou com um galhinho de arruda atrás da orelha. Caso se corrigissem, então, os desvios da "mídia" – o que os petistas prometem fazer se Dilma for reeleita –, mudaria a percepção do povo.

Digam-me um só tema em que a imprensa brasileira seja "conservadora". Não há. Tome-se a cobertura dispensada às manifestações de rua. Imaginem o que aconteceria se mascarados "de direita" saíssem quebrando tudo por aí. Gritar-se-ia em coro: "Fascistas!". E com razão. E se grupos "reacionários" recorressem aos métodos do MST e do MTST? Cadê o Guilherme Boulos do "outro lado"?

O jornalismo viu e vê com olhos encantados os ditos protestos, mas isso decorre de um desvio de esquerda. O petismo que remanesce nas redações é do tipo primitivo, meio "psolento", e acredita na geração espontânea da "consciência social". Falta-lhe a dimensão, digamos, pragmática de um Luiz Moura e de um Carvalho.

Os farsantes tentaram jogar a hostilidade a Dilma nas costas de nove pessoas, enquanto o principal auxiliar da presidente dialogava com gente que deveria estar na cadeia.

FRONTEIRAS

Janio de Freitas lamentou que a entidade Repórteres Sem Fronteiras tenha expressado seu repúdio à lista negra feita pelo PT. Não criticou a existência da dita-cuja, preferindo destacar que há, sim, "repórteres e comentaristas com fronteiras entre si, sejam filosóficas, sejam éticas, sejam outras". O comentarista tem razão. Se ele fosse alvo de macarthismo de direita ou de esquerda, eu protestaria. Não por ele, cujo pensamento abomino, mas por sua liberdade de dizer o que pensa. Defendendo-o, pois, com ou sem sua concordância (não dependeria dele), eu ajudaria a preservar a liberdade. Ele, no entanto, prefere endossar o paredão e atacar a entidade que reagiu. Não está agredindo a mim e aos outros oito. Agride a liberdade. Fronteiras.

27/6/2014

A derrota da seleção e a de Dilma

Sempre temi pelo dia em que isto aconteceria: a população demonstrar mais serenidade, bom-senso e objetividade do que parcela considerável dos analistas políticos. Temia porque a "catchiguria" ainda tem lá sua responsabilidade na formação da opinião e, em tese ao menos, dispõe de instrumentos para avaliar com mais precisão a realidade. Afinal, uma de suas tarefas é tentar revelar a essência sob a aparência das coisas, de sorte que o "véu diáfano da fantasia" (Eça) não esconda "a nudez forte da verdade". Sempre temi, sim, por esse momento, mas também não sou do tipo que lamenta a sorte do mundo: bem-vindo, povão, às luzes! Já estava na hora de aposentar os que insistem em cegá-lo com a clareza das ideias mortas. Ah, os iluministas mequetrefes de anteontem! Enigmático? Nem tanto.

Pesquisa Datafolha publicada na edição de quinta-feira (3) da Folha demonstra que o segundo turno na eleição presidencial continua uma realidade tão palpável quanto há um mês (38% de Dilma contra igual número dos adversários) e que a diferença da presidente (re)disputante para seus adversários na rodada final variou na margem de erro, mas com distância numérica menor: 7 pontos contra Aécio Neves, do PSDB (46% a 39%), e 13 pontos contra Eduardo Campos, do PSB (48% a 35%). Ocorre que só 1% dos entrevistados não conhece a petista, número que chega a 19% no caso do tucano e a 36% no do peessebista. Dizem conhecê-la "muito bem" 50% dos entrevistados – só

16% afirmam o mesmo sobre Aécio, e 7% sobre Campos. Se os petistas querem comemorar, por mim, tudo bem! Prefiro, por princípio, a euforia à depressão. Sigamos.

A Copa do Mundo se realiza sem maiores atropelos – este que escreve, felizmente, nunca disse o contrário, nem aqui nem em lugar algum. Também tratei como rematada tolice essa história de "Não vai ter Copa", além de achar que a cadeia é um bom lugar para bandidos mascarados, sequelados pelo excesso de achocolatados e cereais matinais e pela falta de um pai e de uma mãe que os amem com mais severidade. Em Dois Córregos, "black bloc" não é ética, não é estética, não é tática; é só falta de cinta. O Datafolha constatou que 63% são favoráveis à realização do torneio no país (só 27% se opõem), embora 46% considerem que ele traz mais prejuízos do que benefícios (45%). Os protestos provocam mais vergonha (65%) do que orgulho (26%). A leniência oficial com a baderna, como se vê, teve o condão de tirar o povo da rua. Gilberto Carvalho não bate papinho com baderneiro porque seja burro. Sim, se a seleção brasileira for campeã, haverá ainda mais gente de peito estufado. Torço para que aconteça. A tristeza é má conselheira.

Começo a unir os fios deste texto. As antevisões mais pessimistas sobre a Copa não se cumpriram nem vão se cumprir, e, no entanto, a situação eleitoral de Dilma é mais difícil agora do que antes. Não seria difícil demonstrar que esta rodada do Datafolha lhe é mais negativa do que a anterior. Os eleitores, contra a pregação dos iluministas de farol baixo, dão sinais de distinguir muito bem uma bola em campo de uma eleição em jogo. E, se houver um resto de prudência lá pelas bandas do Palácio, a Copa do Mundo, mesmo com o hexa, será usada com parcimônia na campanha eleitoral. Mas não serei eu a lutar para que João Santana faça a coisa certa.

A vigarice intelectual tenta transformar o tal "pessimismo com a Copa" numa espécie de metáfora – ou metonímia – do suposto "pessimismo com o Brasil". Também as críticas ao governo e o legítimo esforço para apeá-lo do poder segundo as regras do jogo seriam obra de pessoas de maus bofes, que saem por aí a espalhar o rancor e a amargura – coisa, enfim, de quem deveria deixar "estepaiz", já que se mostra incapaz de amá-lo... Com todo o respeito, a tese de que o Brasil precisa perder a Copa para Dilma perder a eleição é só uma trapaça intelectual de quem quer que Dilma vença a eleição, ainda que o Brasil perca a Copa.

4/7/2014

Dilma simula pênalti: *Schwalbe*!

Aos dezessete minutos do primeiro tempo, no desastre de terça-feira (8), a seleção brasileira já perdia para a alemã por um a zero quando Marcelo, atendendo a um chamado do atavismo macunaímico, caiu na área, simulando um pênalti.

O zagueiro alemão Jérôme Boateng, cujo pai é ganês, se zangou. Deu-lhe uma bronca humilhante. Os alemães execram esse teatro ridículo e têm uma palavra para defini-lo – na verdade, uma metáfora: *Schwalbe*, que quer dizer "andorinha". É um pássaro de asas curtas em relação ao corpo e que voa rente ao solo, lembrando o atleta que agita, desajeitado, os braços ao encenar uma falta que não existiu. Boateng chegou a imitar com as mãos o voo da *Schwalbe*. Naquele pênalti patético cavado por Fred contra a Croácia, a imprensa alemã o chamou de "Schwalbinho", acrescentando à palavra o sufixo do diminutivo que costuma vir colado a nomes de alguns de nossos craquinhos.

Apesar da humilhação dos 7 a 1, nunca foi tão civilizado perder. Os alemães vieram dispostos a conquistar também o coração dos brasileiros. Jogaram um futebol bonito, honesto, respeitoso. Quando os canarinhos estavam sem ânimo até para imitar andorinhas, os adversários não começaram a dar toquinhos de lado, a fazer firulas ou gracejos destinados a humilhar quem já não tinha mais nada. Ao contrário: um deles aplaudiu o gol de honra de Oscarzinho. Nas redes sociais, deram a dimensão da própria vitória ao cobrir nossa seleção e nosso país de elogios. "Respeite a amarelinha com sua história e tradição", recomendou Lukas Podolski. "Vocês têm um país lindo, pessoas maravilhosas e jogadores incríveis – esta partida não pode destruir seu orgulho", escreveu Mesut Özil.

Os alemães vieram para reverenciar uma tradição. Por isso Boateng se zangou com Marcelo. Era como se dissesse: "Levante-se daí, cara! Honre sua história para me dar a glória de vencê-lo". Marcelo, no entanto, parecia antever que aquele Brasil que estava em campo não sabia vencer porque, antes de tudo, não sabia perder – daí o voo da *Schwalbe*.

Se o futebol é metáfora da guerra, é preciso lembrar que a guerra também pode ter uma ética – não quando se é Gêngis Khan. Depois de se vingar de Heitor – e como! –, Aquiles entrega o corpo do oponente para ser honrado pelo pai. Só os vitoriosos mesquinhos – e, pois, derrotados moralmente pela própria arrogância – tripudiam sobre o vencido. A vitória final é ser humilde no triunfo para que o outro possa ser digno na derrota, enobrecendo, então, aquele que conquistou o galardão. Só existe honra quando se vence um forte. Nesse sentido, o confronto, inclusive a guerra com regras, é uma forma de apuro ético. E, obviamente, é possível ser indigno na paz.

Também minha "andorinha" é metáfora. A simulação da falta é um vício nacional. No futebol, na vida, na política. Acusar o adversário de uma transgressão que ele não cometeu é uma falha moral grave. Trata-se de reivindicar a licença para reagir àquilo que não aconteceu, tentando fazer com que o outro pague uma conta indevida. Um dia antes da partida fatídica, a presidente Dilma Rousseff, demonstrando que anda com pouco serviço – e só gente muito ocupada tem tempo de fazer direito seu trabalho –, resolveu participar de um bate-papo numa rede social. Exaltou o heroísmo de Neymar, discorreu sobre a garra do povo brasileiro e, ora vejam!, censurou os "urubus do pessimismo".

Desde o início do torneio, a presidente e seu partido acusam a oposição e críticos do governo de faltas que não cometeram: teriam antevisto o caos na Copa e estariam torcendo contra o sucesso do evento. Simulação! *Schwalbe*! Dilma sonhou esmagá-los no próximo domingo, passando a taça para as mãos de Thiago Silva. No pior dos cenários, Lionel Messi beijará o troféu, hipótese em que se cumprirá uma predição de Lula, que anunciou, em 2007, que o Brasil faria uma Copa "para argentino nenhum botar defeito".*

Ouça o que diz Boateng, presidente! Levante-se da área! Jogue limpo! É muito melhor vencer com honra. Ou honrar o vencedor.

11/7/2014

---

* "A fala premonitória de Lula em 2007: 'Vamos fazer uma Copa para argentino nenhum botar defeito'. Nem diga!", Veja.com, 10/7/2014. Disponível em: is.gd/kTXWkN.

Lula, Boulos e as fantasias burguesas

O MTST, os ditos "trabalhadores sem-teto", está descontente com os serviços de telefonia. Na quarta, seus militantes protestaram na Anatel e nas respectivas sedes da TIM, Claro e Oi. Não deu tempo de ir à da Vivo. A turma agencia também essa causa. Um comunicado parece inaugurar a fase holístico-roqueira do socialismo: "Se acham que a gente vai se contentar só com nossa casa, estão enganados. Queremos moradia, transporte público de qualidade, telefonia e internet, e a gente não aceita pagar caro, não". É o "aggiornamento" dos Titãs – "A gente não quer só iPhone..." – e o embrião de um novo partido.

Guilherme Boulos, um dos comandantes do MTST e colunista da *Folha*, traz consigo o charme irresistível da renúncia. Oriundo da classe média-alta, com formação intelectual, prefere dedicar-se à categoria dos "sem" – até dos "sem-sinal" de telefonia. Lembro-me do fascínio que tive ao ler, aos quinze anos, *Minha vida*, a autobiografia de Trótski. Largou as benesses do pai abastado para morar no quintal do jardineiro Shvigóvski, o revolucionário "do pomar". Um encanto!

A coisa meio chata para mim é que eu lia o livro com um fio de lâmpada sobre a cabeça, na cozinha de modestíssimos dois cômodos, à beira de um córrego fétido. Não demorei a entender que certa renúncia é um privilégio de classe, não uma superioridade moral. Dispensar a riqueza abre a vereda para a terra da santidade. A trajetória contrária é coisa de um *parvenu*. Muita gente com dificuldades de acreditar em Deus crê nos profetas.

Não falo de Boulos, mas do que ele representaria: o anunciador de uma nova era, quem sabe uma Idade de Ouro da real igualdade, uma espécie de celebração do encontro de Virgílio com Marx. *Ecce homo*. Lula sempre constrangeu as esquerdas com suas grosserias. Em 1979, por exemplo, concedeu uma entrevista à revista *Playboy* em que barbarizou.*

Confessou, de modo oblíquo, que sua iniciação sexual se dera com animais. Pegava as viuvinhas que iam ao sindicato resolver problemas relacionados à Previdência. Conhecia o sogro de Marisa, sua atual mulher – então viúva –, e pensava: "Ainda vou papar a nora desse velho". Filosofou: "O problema de mulher é você conseguir pegar na mão. Pegou na mão…". Admirava pessoas "que estiveram ao lado dos menos favorecidos". Entre os mortos, Tiradentes, Gandhi, Che Guevara, Mao Tsé-tung e Hitler ("mesmo errado" – ufa!!!). Entre os então vivos, Khomeini e Fidel Castro. Mas a semente estava lá. Pensou alto: "É preciso fazer alguma coisa para ganhar mais adeptos, não se preocupar com a minoria descontente, mas se importar com a maioria dos contentes". Poderia ser a divisa de um fascismo. Deu no petismo.

Poucos, ou ninguém, teriam sobrevivido àquela entrevista. As circunstâncias históricas – primeiro ano da "ditadura esculhambada", de Figueiredo – o salvaram. Era a suposta

---

* "Trinta anos de Lula: os homens admiráveis". Veja.com, 3/12/2009. Disponível em: is.gd/g948iR.

realização de um projeto acalentado por parte da esquerda: o "intelectual orgânico" da classe operária, que não mais distinguia o pensar do fazer. Em 1982, candidato ao governo de São Paulo, foi inquirido por Rogê Ferreira, do PDT: "Você é socialista, comunista ou trabalhista?". Lula mandou ver: "Sou torneiro mecânico". Marilena Chaui aplaudiu como se fosse Espinosa. Ela encontrava, finalmente, a "nervura do real".

Mas Lula também já é um *parvenu*. Há quem não goste dele não por aquilo que pensa, mas por ter traído supostos emblemas de sua "classe natural". O MTST, atuando como partido, resgata, por intermédio de sua principal liderança, certa pureza e certa crueza proudhonianas, distantes do legalismo petista. Ao movimento tudo é permitido – violar leis ou furar a fila das pessoas que aguardam, pacificamente, por uma casa. Se preciso, a turma cerca o Poder Legislativo e sobrepõe a vontade de uns poucos milhares aos votos de muitos milhões. É a "democracia direta" reduzindo o grupo decisório para ganhar eficiência, compreendem?

Lula foi a encarnação do delírio das esquerdas à espera do "intelectual orgânico" da classe operária. Mas ele se aburguesou sem nunca ter buscado a altitude das ideias. Boulos, não! Ele nos devolve ao refinado Iluminismo francês. Seus sem-teto são os *sans-culottes* das fantasias jacobinas – que são, desde sempre, fantasias... burguesas!

18/7/2014

O PT, o eleitor, o Congresso e o capital

Haverá eleição presidencial em outubro. É evidente que se trata de algo muito importante, e não serei eu a subestimá-la. Se atentarem, no entanto, para a inflexão dos meus textos neste espaço, ocupo-me menos das disputas entre A, D ou C do que de alguns choques que se estabelecem em camadas mais profundas, dos quais os embates eleitorais são só uma reverberação. Candidatos me interessam muito pouco; candidaturas me interessam muito mais.

As promessas se escrevem na água com o vento, como disse o poeta sobre o amor. Os valores duram no tempo e fazem história, boa ou má. É por isso que não dou bola, reparem, para o que diz ou pensa Dilma Rousseff. Ela é só carona de um modo de entender a sociedade cuja extensão talvez ignore. Dentro ou fora do governo, Gilberto Carvalho, por exemplo, o secretário-geral da Presidência, é personagem bem mais relevante. Ele andou se referindo a mim de modo nada lisonjeiro. Ingratidão! Poucos, como eu, reconhecem sua real estatura. Desde os tempos em que ambos trabalhávamos em Santo André...

O PT está se organizando para se livrar do eleitor, do Congresso e do capital, e Carvalho lidera a batalha. Na quarta, ele voltou a defender o decreto presidencial 8.243, que disciplina a participação dos "movimentos sociais" na administração federal. Os deputados tendem a derrubá-lo. Afirmou o ministro:

Se a Câmara e o Senado tiverem bela inteligência política, não se colocarão na contracorrente de uma exigência da sociedade. Há uma disposição de enfrentar essa guerra. Não retiraremos o decreto, vamos até o fim. Se houver derrota, quem pagará o preço são aqueles que se colocam contra essa participação.

Quem, pretendendo negociar, fala em "guerra", luta "até o fim" e "preço a pagar"? Isso revela a importância que assumiu esse instrumento na estratégia petista. Observem que Carvalho ameaça os parlamentares com a cólera do povo. Povo??? O chefão do PT fez essa declaração durante a assembleia de eleição de representantes da sociedade civil no Conselho Nacional da Juventude. Você sabia da existência dessa eleição? Quem, exceto a militância, estava atento a esse calendário? Onde estão os fóruns de debates?

A suposta "democracia direta" dos conselhos e movimentos sociais é só uma forma de sobrepor os interesses de minorias organizadas aos da maioria, que se expressa por intermédio da democracia representativa. Pensem no MTST, de Guilherme Boulos: se todas as pessoas sem casa própria decidissem se submeter à sua liderança, não haveria vantagem competitiva em ser seu comandado. É a lógica elementar da exclusão, não a da inclusão, que torna operativos os ditos movimentos sociais.

Carvalho e o PT querem se livrar do povo e do Congresso, submetendo as decisões do governo federal, pouco importa quem esteja no poder, a milícias ideológicas, que são controladas, na maioria, pelo partido. O decreto da presidente Dilma – e boa parte dos colegas da imprensa insiste em ignorar seu conteúdo – chega a criar o embrião de uma Justiça paralela. É fato. Está lá. Basta ler o troço.

Os petistas também se cansaram de recorrer ao "capital" para financiar eleições. E nós, os jornalistas, somos os inocentes úteis de sua causa sempre que nos comportamos como o Tambor, do *Bambi*, a gritar "Fogo na floresta!" ao noticiar a doação legal de empreiteiras e bancos a campanhas eleitorais. Até parece que o busílis está nas contribuições declaradas!

O Supremo já formou uma maioria contra a doação de empresas, uma causa do advogado "progressista" Roberto Barroso, que o ministro do STF Roberto Barroso (!?) abraçou. O passo seguinte dessa "luta!" será o financiamento público de campanha, ponto de honra da reforma que o PT quer fazer. Ah, será um sonho! Se tudo sair conforme querem Carvalho e os seus, beleza! O povo, o Congresso, a Justiça e o capital estarão no seu devido lugar: subordinados à aristocracia petista.

Só dois partidos disputam o poder no Brasil, ignoradas as diferenças de superfície, que são irrelevantes: o que se subordina à ordem democrática e o que quer subordiná-la à sua ordem. Escolha.

25/7/2014

Ódio a Israel

O Hamas tem dois grandes aliados: um número maior de mortos e o ódio covarde a Israel. É um ódio dissimulado, sem coragem de dizer seu nome, que usa os corpos de mulheres e crianças como escudo moral, mas que mal esconde sua natureza. Sessenta e seis anos depois da "partilha", renegada, então, pelo mundo árabe – e só por isso surgiu uma "causa palestina" –, eis que Israel continua a lutar por sua sobrevivência. Já teria sido "varrido do mapa" se, confiante na paz, não houvesse se preparado para a guerra.

O país poderia ter sucumbido já em 1948. Resistiu. Poderia ter sucumbido em 1967, mas venceu espetacularmente. Poderia ter sucumbido em 1973 – e preferiu, de novo, sobreviver. Mas seus inimigos, e não me refiro aos palestinos, ganharam a guerra de propaganda. O espírito de um tempo sempre se impõe à maioria das consciências porque não se faz de um único equívoco, mas de muitos, que se combinam num sistema e tornam a ignorância confortável. Prevalece até que equívocos novos componham outra metafísica influente.

Israel hesitou bastante em fazer a incursão terrestre a Gaza. Seriam muitos os mortos, dadas as características demográficas da região e a forma como o Hamas se organiza. Adicionalmente, tinha-se como certa a perda de soldados. O óbvio está se cumprindo. Há quantos anos o mundo assiste impassível à conversão de Gaza numa base de lançamento de mísseis?

Quantas foram as advertências ignoradas pelo Hamas? Como reagiu a organização terrorista ao assassinato de três adolescentes judeus? Justificou a ação criminosa, aplaudiu-a e chamou o inimigo para a guerra, esgueirando-se, armada até os dentes, entre mulheres e crianças, cujo sangue fertiliza seus delírios homicidas.

Há, sim, entes genocidas naquela região. E não é Israel. Um deles é o Hamas. É moral e intelectualmente delinquente ignorar o conteúdo do seu estatuto.* Está lá: "Israel existirá e continuará existindo até que o Islã o faça desaparecer". Ou ainda (artigo 13): "As iniciativas [de paz], as assim chamadas soluções pacíficas e conferências internacionais para resolver o problema palestino, se acham em contradição com os princípios do Movimento de Resistência Islâmica, pois ceder uma parte da Palestina é negligenciar parte da fé islâmica". Tudo claro. Dilma Rousseff só não lê porque Dilma Rousseff não lê.

O tal espírito do tempo faz com que palavras e expressões sejam repetidas preguiçosamente. Uma delas é "reação desproporcional". Seria "proporcional" Israel jogar, a esmo, 2 mil foguetes contra Gaza? Quando os terroristas palestinos lançam seus mísseis, estão em busca de alvos militares? Tenho a tétrica suspeita de que muitas consciências se pacificariam se os mortos israelenses também estivessem na casa de 1,4 mil. Uma forma de proporcionalidade… Só não há milhares de vítimas em Israel porque o Domo de Ferro intercepta foguetes

---

* "Íntegra do estatuto do Hamas". Veja.com, 5/6/2009. Disponível em: is.gd/MUIyvh.

no ar. A vontade de matar do Hamas é compatível com sua convicção genocida. Os terroristas não têm é competência. Israel pode, sim, ser acusado de impedir que a adquiram. Será que o país deveria fazer o contrário e franquear ao inimigo as condições de sua própria aniquilação? Não haverá o fim do bloqueio a Gaza enquanto Gaza for a base dos que querem o fim de Israel. Ponto.

Publiquei no último dia 16 um vídeo com uma entrevista de Sami Abu Zuhri, porta-voz do Hamas, à TV Al-Aqsa, que pertence ao grupo.* O entrevistador afirma: "As pessoas [em Gaza] estão adotando o método dos escudos humanos…". Zuhri se regozija: "Isso comprova o caráter dos nossos nobres, dos nossos lutadores da Jihad. [...] Nós, do Hamas, convocamos nosso povo a adotar essa política".

Imaginei que a entrevista seria um escândalo. No Brasil, só ganhou o devido peso no meu blog. É que as "pessoas boas e justas" estavam muito ocupadas escondendo seu ódio ao país no corpo de mulheres e crianças e atacando Israel com os mísseis do preconceito e da ignorância. Não há Domo de Ferro que os intercepte. Espírito do tempo.

1/8/2014

---

* "Chefão do Hamas confessa: grupo terrorista usa, sim, escudos humanos e ainda convoca população a morrer". Veja.com, 16/7/2014. Disponível em: is.gd/ydf8qO.

Ladrões de instituições

Para lembrar uma imagem empregada certa feita por Diogo Mainardi — que tem sofrido tentativas descaradas e infrutíferas de clonagem na crônica tupinambá —, parte da imprensa está se comportando, no caso da fraude da CPI da Petrobras, como a Fada Sininho do PT, batendo as asinhas para ver se a bomba dos piratas estoura longe do Palácio do Planalto. É uma missão suicida, mas vale sacrificar a honra em nome de mais quatro anos na Terra do Nunca! Há um esforço danado para provar que os petistas, os assessores palacianos e o comando da estatal não fizeram nada de mais ao transformar uma CPI numa pantomima ridícula.

Não que se esperasse, dadas as personagens, grande coisa dessa comissão. Mas, vá lá, admita-se que a folgada maioria que detêm os governistas em sua composição é regimental: deriva do desequilíbrio de forças no Senado, que traduz, no entanto, a vontade do eleitor. Nada a fazer a respeito. É legítimo, sim, lastimar certos aspectos da democracia. Só não é permitido solapá-la.

Os que se organizaram numa verdadeira gangue não atentaram apenas contra as prerrogativas da comissão em si. Agrediram também a Constituição, o Poder Legislativo, o Estado de direito e, por óbvio, o regime democrático. Já está evidente que o comando na operação ficou com o Palácio do Planalto, mais exatamente com a Secretaria de Relações Institucionais, cujo titular é Ricardo Berzoini, de tantos serviços prestados ao escândalo dos aloprados. Invoco com o nome dessa pasta desde que ela foi criada, no governo Lula. Quem inventa uma estrovenga chamada Relações Institucionais está confessando que opera com "relações não institucionais". Bingo!

Os que me acompanham na *Folha*, no blog que mantenho em Veja.com ou na rádio Jovem Pan sabem que atribuo à roubalheira o peso que a coisa tem: comprovadas as culpas, cana para os larápios! Mas eu me ocupo mais dos ladrões de instituições do que dos ladrões de dinheiro público. Eu não poderia integrar, por exemplo, uma associação de jornalistas investigativos, ainda que eles me quisessem como sócio. Investigo escolhas políticas, não contas-correntes ou declarações de imposto de renda. Não estou a tratar com menoscabo o trabalho de ninguém, muito pelo contrário: eu o aplaudo. Mas estou mais preparado para denunciar uma ideia fraudulenta do que um crime caracterizado no Código Penal. O mal que os ladrões de instituições fazem ao Brasil é muito superior ao que praticam aqueles outros.

Um ladrão de dinheiro público é um caso de polícia; um ladrão de instituições é um caso de política. Um ladrão de dinheiro público faz um rombo no caixa; um ladrão de instituições faz um rombo numa cultura; um ladrão de dinheiro público morrerá um dia; um ladrão de instituições procria. Um ladrão de dinheiro público inviabiliza um projeto; um ladrão de instituições inviabiliza um país. Apelando agora a Padre Vieira: um ladrão de dinheiro público pode até ser enforcado; um ladrão de instituições manda enforcar.

O jornalismo político no Brasil está, sim, preparado – às vezes, atropelando garantias legais que deveriam ser preservadas – para denunciar o larápio que avança contra o caixa, mas, infelizmente, anda muito pouco atento às manobras solertes dos ladrões de instituições. Quando um ministro de Estado, como Gilberto Carvalho, faz uma peregrinação ao Congresso em defesa do decreto 8.243 – aquele dos conselhos populares –, ele não está avançando no erário. Não há como chamar a polícia. Ele quer é assaltar os fundamentos da democracia representativa. Carvalho, nessa ação, não tenta roubar nosso dinheiro; ele tenta é roubar nosso futuro. Com aquele seu ar sereno de santarrão de sacristia, mas com alma de Savonarola.

Nunca considerei que o aspecto mais deletério do mensalão fosse a roubalheira em si – que também aconteceu. Mais grave foi a tentativa de criar um Congresso paralelo. Lambanças como as ocorridas na Petrobras, que a CPI deveria estar investigando, podem ter cura se o Brasil e a estatal tiverem governanças decentes. Mas não há esperança quando condescendemos com ladrões de instituições. Até porque eles é que escrevem os evangelhos seguidos pelos outros ladrões.

8/8/2014

Chute a santa, mas adore Dilma

No Brasil, é permitido chutar a santa.
No Brasil, é permitido dizer que Jesus Cristo era um banana.
No Brasil, é permitido sacanear com igual ignorância ou sabedoria o sagrado e o profano.
E não esperem ler aqui a defesa de alguma forma de censura. Cada um diga o que quiser. E arque com as consequências aceitáveis na democracia. É a natureza do jogo.

Mas um território se pretende verdadeiramente divino e imune à crítica: o do petismo, incluindo os espaços que ele diviniza. Os quatro analistas do Santander, como sabemos, foram para a fogueira em razão de um texto sacrílego.

Nesta semana, mais uma não notícia ganhou ares de escândalo, inflamando o espírito jihadista. A consultoria Rosenberg Associados, numa síntese notável, considerou que Dilma ainda é a favorita, mas emendou: "O cenário mais provável é a continuidade da mediocridade, do descompromisso com a lógica, do mau humor prepotente do poste que se transformou em porrete contra o senso comum".

É só a opinião de uma consultoria. Fez-se uma gritaria danada na imprensa. Alberto Cantalice, vice-presidente do PT e autor da lista negra de jornalistas (estou lá, o que me honra), afirmou que o partido ia ignorar a avaliação. Mas seu exército pediu que se queimassem as bruxas.

Segundo a metafísica dos fanáticos – e isso, ao menos, essa gente preserva do socialismo –, é preciso fulminar a opinião contrária como expressão do Mal. A crítica nunca é tomada como um caminho legítimo, ainda que errado.

Alguém considera, por exemplo, ruim ou péssima a gestão de Fernando Haddad em São Paulo, como fazem 47% dos paulistanos? Descartem-se as possibilidades de o prefeito ser incompetente, ter errado nas escolhas ou alimentar interesses menores – afinal, só os "inimigos" os têm. Os descontentes ou estão a serviço da reação ou são pessoas abduzidas por um espírito maligno, que as faz perder a capacidade até de arbitrar o que é melhor para si mesmas.

A matriz dessa visão de mundo é o fascismo, de direita ou de esquerda. Os novos arautos, como antes, falam em nome do progresso, da igualdade e do Bem. Foi com a colaboração de obreiros assim que Hitler e Stálin se apresentaram como engenheiros de homens. Mataram milhões sem piscar. A tarefa de transformar o morticínio em teoria política, em categoria de pensamento e numa forma de ascese ficou a cargo de intelectuais – incluindo os da imprensa.

O tucano Aécio Neves está padecendo nas mãos do espírito miliciano deste tempo. Um candidato de oposição, Santo Deus!, é constrangido a evitar críticas ao governo, ou pesará sobre ele a suspeita de que, se eleito, vai punir os pobres. Não era diferente com Eduardo Campos, tornado agora um respeitável sonhador morto. Quem o viu no *Jornal Nacional* pode ter ficado com a impressão de que era candidato à Presidência não porque tivesse algo a dizer, mas porque não tinha como escapar dos entrevistadores. Outro elogia o homem "que buscava o sonho". Huuummm... Só não conseguia aceitar o político que buscava outra... realidade! Admiro o decoro com cadáveres, desde que se respeitem os vivos.

A imprensa é a primeira a demonstrar, com correção, que uma política desastrada de combate à inflação jogou parte da conta nas costas da Petrobras, cujo valor de mercado despencou. Ai de Aécio, no entanto, se apontar o desastre! Com ar inquiridor, lá vem a pergunta: "Então, se o senhor vencer a disputa, vai elevar o preço dos combustíveis?". Se ele diz "não", passa a ser usuário do mal que denuncia; se diz "sim", ninguém quer saber como e quando a correção seria feita. Busca-se um título ou uma síntese bucéfala: "Se eleito, tucano diz que aumenta o preço da gasolina".

"É uma pergunta legítima", dirá alguém. Tudo o que interdita o debate e torna a realidade ainda mais obscura agride a verdade e o processo democrático. De resto, é preciso definir se entrevistadores perguntam para, de fato, saber ou para desmoralizar o entrevistado. Será assunto de outra coluna.

Está com vontade de criticar Dilma, leitor? Não seja herético ou iconoclasta! Chute a imagem de Nossa Senhora, a santa que a governanta já chamou de... "deusa"!

15/8/2014

Marina Silva, o colapso do sentido

Nunca entendi, não creio que seja só por ignorância, o que diz Marina Silva. Esforço-me. Procuro identificar o sujeito da frase, busco o verbo, tento encontrar o complemento, procuro os termos adjuntos. Quando consigo pacificar a sintaxe, sou atropelado pela semântica ou por um complexo processo de formação de palavras, que vai da derivação imprópria a neologismos diversionistas, que simulam, no entanto, algo de sublime.

Um exemplo? Perguntaram a Marina se a Rede, seu futuro partido, seria pragmático. Ela respondeu: "Será sonhático". Houve um úmido frenesi de satisfação. Tempos depois, muito pragmaticamente, ela resolveu estabelecer com o PSB o que prometia ser uma relação de mutualismo trófico: um tinha estrutura, mas não voto; o outro, voto, mas não estrutura. Depois daquele avião, o marinismo se tornou parasitoide do partido de Eduardo Campos, como achei que seria mesmo com ele vivo. No "parasitoidismo" (que é diferente do parasitismo, que o antigo PCB, por exemplo, mantinha com o MDB), o hospedeiro morre. Como morrerá o PSB. Vamos a uma pequena digressão que nos aproxima de uma natureza.

Em fevereiro de 2013, Marina reuniu sua grei para dar largada à tal Rede. A líder do colapso do sentido formulou, então, aquela que, para mim, é sua mais formidável frase: "Estamos vivendo uma crise civilizatória e não temos o repertório necessário para enfrentá-la". Caramba! Não era um modesto diagnóstico sobre o Brasil, mas uma antevisão do apocalipse civilizacional.

Não quero chocar Remelentos & Mafaldinhas dos coquetéis molotov, mas repito o que observei então: em números relativos ou absolutos, nunca antes na história deste mundo, tantos homens viveram sob regime democrático, os seres humanos tiveram vida tão longa, houve tanta comida e tão barata, tivemos tantos remédios para nossos males, houve tantas crianças com acesso à educação, houve tantos humanos com saneamento básico... O repertório, em suma, nunca foi tão grande para responder aos desafios que nos propõem a natureza e a civilização. É certo que Marina não se inclui entre os ignorantes que identifica. Há ali a inflexão típica dos profetas – falsos, como todos. Fim da digressão aproximativa.

Quem faz política para salvar a humanidade não negocia, mas impõe. Marina, agora candidata do PSB à Presidência, não aceitou assinar compromisso nenhum, rejeitou acordos políticos firmados por Campos e impôs um nome para a coordenação da campanha. Ela se considera, por exemplo, pura demais para apoiar a reeleição de Geraldo Alckmin (PSDB) em São Paulo, que tem como vice Márcio França, do PSB, ex-braço direito de... Campos, aquele cujo retrato a agora presidenciável brandiu à beira do caixão.

Faço aqui um desafio a Marina. Ela é governo no Acre há dezesseis anos. Seu marido deixou nesta semana o cargo de secretário de Tião Viana (PT), mas seu grupo continua no poder. É um fato. Então que se comparem dois padrões de governança:

um que ela aprova, desde 1999, e outro que ela reprova, o de São Paulo. Vamos ver em qual deles os indicadores sociais e econômicos avançaram mais nesse tempo. É óbvio que me refiro a avanço relativo, já que o Acre não chega a ter 800 mil habitantes, e São Paulo tem 43 milhões. O petismo e o marinismo governam, há quatro mandatos, uma população igual à da soma do Grajaú com o Jardim Ângela, 2 dos 96 distritos da capital paulista. O grupo poderia ter operado uma verdadeira revolução na qualidade de vida, não é mesmo? Mormente porque, nos doze anos recentes, tem um aliado no governo federal. Por alguma estranha razão, na eleição de 2010, Marina só venceu no Distrito Federal, que tem a renda per capita mais alta do país, e ficou em terceiro no Acre. Pobres têm a mania de não saber o que é melhor para si. Os ricos sempre sabem.

"Olhem o Reinaldo pegando no pé de Marina, a exemplo dos sites governistas, financiados com dinheiro público!" Esses caras que se danem! Não são meus juízes quando reprovam ou aprovam o que escrevo. Eu quero é ver os políticos disputando territórios – de poder, de linguagem e de futuro – que são deste mundo. Sou só um cristão que repudia misticismos, o novo ópio – ou a clorofila – dos intelectuais.

22/8/2014

Marina, a tirana de Brasília

Tenho me dedicado, nem poderia ser diferente, a tentar entender o pensamento de Marina Silva – há gente assegurando que ela vai presidir o Brasil. Mas é tarefa difícil. E rio daqueles que, julgando compreendê-lo, criam suas próprias metáforas para desentranhar as da candidata do PSB à Presidência, de sorte que, depois de alguns minutos de conversa, estamos todos no reino da alegoria, lá onde uma coisa puxa a outra rumo a lugar nenhum. Malsucedido no meu esforço, recorro, então, a Eduardo Giannetti, que parece ser o Platão redivivo que, desta feita, encontrou um bom Dionísio.

Marina reuniria as características da "rainha filósofa". Se ela fizer como Giannetti recomenda, conseguirá expulsar da política os cartagineses do PMDB e teremos, então, um governo dos "bons e dos virtuosos". A Siracusa do Planalto Central nunca mais será a mesma. Ou, quem sabe?, o pensador de agora se veja no papel de um Pigmalião a esculpir a mulher ideal.

À *Folha*, Giannetti disse que sua "tirana (no bom sentido, claro!) de Brasília" pretende governar com o apoio de FHC e de Lula, embora a própria Marina, em suas intervenções públicas, a despeito de reconhecer as contribuições de PSDB e de PT à democracia, anuncie que é chegada a hora de pôr fim à era do confronto entre os dois partidos. Ou por outra: para as elites políticas, o Platão de Marina diz que vai governar com Lula e FHC; para o eleitorado com ódio da política, ela assegura, de modo oblíquo, que não será nem com Lula nem com FHC.

A Fórmula Marina, que Giannetti reproduz com impressionante ligeireza para quem tem preparo intelectual, é composta de ingredientes falsos ou de baixíssima qualidade. Marina seria o momento da síntese de uma tese e de uma antítese já manifestas. Ou, nas palavras do nosso Platão a este jornal, tentando certamente ser simpático com as duas personagens que cita: "FHC tem compromisso com a estabilidade econômica, nós também. Lula tem compromisso com a inclusão social, nós também. Vamos trabalhar juntos. Acho possível. Se a democracia brasileira tem razão de ser, é para que isso possa acontecer".

Abstenho-me de comentar o fato de o entrevistado, imodesto, ter descoberto nada menos do que "a razão de ser da democracia brasileira", encarnada, por acaso, em Marina, sob seus diligentes cuidados, é certo! Vou considerar que foi apenas uma distração retórica, não uma húbris... Inferir que FHC não teve compromisso com a inclusão social é uma falácia não menor do que a sugestão de que Lula se descuidou da estabilidade. À sua maneira, cada um dos ex-presidentes foi a síntese das contradições dos respectivos governos que liderou. Ou será que Marina chega agora para ser o fim da história, o "último homem"?

De resto, a versão de que ao PSDB interessava mais a estabilidade do que a justiça social é só uma história porca narrada pelo petismo. A sugestão de que o PT só distribui benesses sem se ocupar das contas é só um reacionarismo tosco. Minhas severas restrições a esse partido têm a ver com suas taras autoritárias, com seu jacobinismo estúpido, não com seu viés social – de valores essencialmente conservadores, diga-se (mas isso fica para outra hora).

Notem que nem me atenho aqui às barbaridades defendidas por Marina durante a votação do Código Florestal ou à sua luta obscurantista contra os transgênicos. Também a preservo do passado mais remoto, quando, fiel ao petismo, ofereceu batalha contra o Plano Real e a Lei de Responsabilidade Fiscal. Abstenho-me de tratar da rede de crimes que envolve aquele avião, da qual ela foi, obviamente, beneficiária, o que poderá resultar até na cassação de um eventual mandato se a lei for cumprida (ou me demonstrem que não). Esses são assuntos, digamos, contingentes, do dia a dia do noticiário.

Uma postulação assentada sobre uma fraude intelectual me incomoda muito mais. A leitura que Marina faz das contribuições e malefícios do PSDB e do PT à democracia brasileira é fantasiosa e atende apenas à mitologia erigida a partir de sua lenda pessoal. Os brasileiros deveriam ter o direito de escolher apenas um presidente da República. Marina quer nos oferecer uma nova era. Cuidado, Platão! Se der certo, não tem como não dar errado.

29/8/2014

Dilma, Marina e o diabo

Por mais que alguns torçam por isso, ainda não chegou a hora de eu ir criar galinhas, mas a tentação é grande. Às vezes, vem aquela preguiça enorme, a acídia, que alguém definiu certa feita como "entristecer-se do bem divino"... O Brasil fica muito chato com os mortos que procriam, a reivindicar mais quatro anos para que possam fabricar mais quarenta de atraso. A alternativa são ilusões redentoras não menos defuntas a disputar um lugar no futuro. Não nos dispersemos, no entanto. Mas sem essa de "vamos juntos, de mãos dadas". Tô fora! Pensamento em grupo é formação de quadrilha intelectual.

    Não achei que viveria o bastante para ver um argumento meu no horário eleitoral do PT, mas vi. Justo eu, o cara que cunhou o termo "petralha", que foi parar na lista negra, elaborada pelo senhor Alberto Cantalice, chefão do partido, das nove pessoas que fazem mal ao país. Sabem como é... Não sou herói do povo brasileiro, como José Dirceu e Delúbio Soares. Só dois presidentes foram eleitos acima dos partidos, notei no meu blog: Jânio Quadros e Fernando Collor. O primeiro deu no que deu. O segundo também. É claro que eu estava criticando o discurso de Marina Silva. Os petistas gostaram e levaram a observação ao ar. Franklin Martins e os blogueiros sujos não conseguiram ter uma ideia melhor do que a minha. O ex-ministro estava ocupado demais escrevendo asnices no site Muda Mais sobre a independência do Banco Central...

"Terrorismo!", gritaram os marineiros. Não! É história. O chamado Eixo 01 do programa de Marina, intitulado "Estado e democracia de alta intensidade", deixa no chinelo o decreto 8.243, o destrambelho de sotaque bolivariano de Gilberto Carvalho – Dilma só é a "laranja" da proposta. Lá no tal "eixo" está escrito que "a política brasileira vive, atualmente, uma das crises de legitimidade mais agudas da democratização". E o texto prossegue: "Tornou-se comum a ocupação do espaço público por cidadãos que não pretendem mais delegar tudo a seus governantes". Então tá.

Esse modelo "em crise" mandou pra casa o primeiro presidente eleito depois da ditadura; deu posse ao vice; abrigou o Plano Real – que levou o povão a conviver com duas moedas, fato raro na história mundial; elegeu um sociólogo de esquerda (que apelou aos conservadores para fazer reformas vitais para o país); deu posse a um ex-operário, com baixa instrução, oriundo de uma região pobre (que apelou aos conservadores para não fazer reformas vitais para o país); elegeu uma ex-terrorista e tem, no momento, duas mulheres liderando a disputa presidencial: uma delas, a ex-seringueira dos pés descalços, ambientalista e sem partido, é justamente quem acusa a... crise do "modelo".

Que coisa, né? O PT chegou ao poder por intermédio da democracia representativa e propõe um simulacro de democracia direta, via decreto, para que seus "conselhos populares" possam, definitivamente, tomar conta do Estado. Esse mesmo sistema fez da Marina Descalçada uma figura mundialmente conhecida e pode lhe render até a Presidência da República, mas também ela já não vê virtudes no modelo e pretende abrir o caminho para que suas ONGs substituam o povo.

É um escândalo intelectual que aquela glossolalia autoritária, disfarçada de "democracia de alta intensidade", não tenha sido destrinchada pela imprensa. Em vez disso, preferiu-se dar destaque à religiosidade de Marina. Suas considerações sobre o universo LGBT – e não consigo, de fato, imaginar nada mais urgente no Brasil... – em nada diferem, em substância, das feitas por Dilma ou Aécio. Mas a máquina de difamação petista resolveu caracterizá-la como homofóbica. Parece que ela lê a Bíblia antes de tomar decisões. E daí? Logo se viu nisso um mal terrível. Bem fazia Stálin, por exemplo, que lia livros de linguística antes de mandar matar.

Acreditar em Deus nunca foi um problema no Brasil. Não acreditar em Deus nunca foi um problema no Brasil. Só a democracia, que deu à luz Dilma e Marina, pode salvar crentes e ateus das tentações do demônio do autoritarismo.

5/9/2014

Fonte dos textos na *Folha de S.Paulo*

Os 178 beagles. "Poder", 25/10/2013, p. A9.
Com que roupa? "Poder", 1/11/2013, p. A8.
Depredando caravelas. "Poder", 8/11/2013, p. A12.
STF: Ainda não acabou. "Poder", 15/11/2013, p. A10.
Puxa-sacos de ladrões! "Poder", 22/11/2013, p. A6.
Mentir, conspirar, trair. "Poder", 29/11/2013, p. A8.
Direita já! "Poder", 6/12/2013, p. A11.
O eixo OAB-PT-STF. "Poder", 13/12/2013, p. A13.
Haddad quebra-ovos. "Poder", 20/12/2013, p. A8.
Um leninista de toga. "Poder", 27/12/2013, p. A6.
MSL – O Movimento dos Sem-Lei. "Poder", 3/1/2014, p. A5.
Mortos sem pedigree. "Poder", 10/1/2014, p. A9.
Rolezinho e mistificações baratas. "Poder", 17/1/2014, p. A5.
O "bando de negros e morenos". "Poder", 24/1/2014, p. A5.
Aduladores do caos. "Poder", 31/1/2014, p. A5.
Os debochados de Banânia. "Poder", 7/2/2014, p. A9.
Eu acuso ou Dilma "red bloc". "Poder", 14/2/2014, p. A6.
Assim não dá, Vladimir! "Poder", 21/2/2014, p. A6.
Fora do armário. "Poder", 28/2/2014, p. A8.
Barbosa no tronco. "Poder", 7/3/2014, p. A5.
Viva a guerra! "Poder", 14/3/2014, p. A7.
Gaby Amarantos canta para Dilma. "Poder", 21/3/2014, p. A10.
1964 já era! Viva 2064! "Poder", 28/3/2014, p. A10.
O samba da presidenta doida. "Poder", 4/4/2014, p. A5.
A derrota de Dilma e o Corisco. "Poder", 11/4/2014, p. A9.
O voto e a casa da mãe Dilmona. "Poder", 18/4/2014, p. A5.

O PT começou a morrer. Que bom! "Poder", 25/4/2014, p. A12.
Os vivos e os mortos. "Poder", 2/5/2014, p. A9.
Fabiane e a maçã envenenada. "Poder", 9/5/2014, p. A10.
Os Pestanas e o terrorismo do PT. "Poder", 16/5/2014, p. A15.
O nome da baderna é Dilma. "Poder", 23/5/2014, p. A10.
O Partido do Crime. "Poder", 30/5/2014, p. A11.
Dilma, mais quatro anos pra quê? "Poder", 6/6/2014, p. A8.
Dilma de Caracas. "Poder", 13/6/2014, p. A16.
O nacional-socialismo petista. "Poder", 20/6/2014, p. A8.
Black blocs do Carvalho! "Poder", 27/6/2014, p. A8.
A derrota da seleção e a de Dilma. "Poder", 4/7/2014, p. A11.
Dilma simula pênalti: *Schwalbe*!. "Poder", 11/7/2014, p. A10.
Lula, Boulos e as fantasias burguesas. "Poder", 18/7/2014, p. A13.
O PT, o eleitor, o Congresso e o capital. "Poder", 25/7/2014, p. A8.
Ódio a Israel. "Poder", 1/8/2014, p. A8.
Ladrões de instituições. "Poder", 8/8/2014, p. A8.
Chute a santa, mas adore Dilma. "Poder", 15/8/2014, p. A13.
Marina Silva, o colapso do sentido. "Poder", 22/8/2014, p. A10.
Marina, a tirana de Brasília. "Poder", 29/8/2014, p. A12.
Dilma, Marina e o diabo. "Poder", 5/9/2014, p. A10.

Índice remissivo

A
aborto 14, 16, 49, 53, 74
Ação Direta de Inconstitucionalidade (ADI) 43, 48, 53
Al-Aqsa (TV) 143
Alckmin, Geraldo 60, 112, 127, 151
Alemanha 33, 41, 54
Alexandre Magno 34
ALN (Ação Libertadora Nacional) 87
Amarantos, Gaby 84-5
Anatel (Agência Nacional de Telecomunicações) 38, 135
Ancop (Comitês Populares da Copa) 60
Andrade, Carlos Drummond de 96
Andrade, Santiago 69-71, 112
Anistia (Lei da Anistia) 88, 90-1
Assembleia Nacional Constituinte 26, 88
Assis, Machado de 75, 108
Ato Institucional nº 1 (AI-1) 95

B
Barbosa, Joaquim 33-4, 37, 66, 77-80
Barroso, Luís Roberto 31, 48-9, 51, 75-7, 82, 96-8, 140
Battisti, Cesare 76
beagles 11, 21, 23, 28, 42
Beltrame, José Mariano 103
Benário, Olga 33
Berzoini, Ricardo 145
black blocs 27-8, 54, 63, 67, 71, 74, 126, 130
BNDES (Banco Nacional de Desenvolvimento Econômico e Social) 61, 111-2
bolivarianismo 42, 77, 122, 157
Bolsa Família (programa de governo) 112
Boulos, Guilherme 127, 135-7, 139
BR Distribuidora 86

C
CADE (Conselho Administrativo de Defesa Econômica), 38
Câmara dos Deputados do Brasil 43, 66, 81-2, 98, 139
Camões, Luís de 27, 81
Campos, Eduardo 25, 39, 93, 101, 129, 148, 150
Cantalice, Alberto 12-3, 124-6, 147, 156
capitalismo 16, 27, 37, 43-4, 47, 57, 92, 96-7, 99, 111, 138, 140
Cardoso, Fernando Henrique 14, 24-5, 81, 153-4
Cardozo, José Eduardo 38, 60-1, 69, 112

161

Carvalho, Gilberto 60-1, 64, 69, 75, 111, 113, 121, 126-8, 130, 138-40, 146, 157
Carvalho, Olavo de 14-5, 40
Casé, Regina 46, 78, 103
Castro, Fidel 112, 136
Castro, Ruy 104
Catão (Marcus Porcilius Cato) 75
Cazaquistão 41
censura (à imprensa) 12, 122
Central de Movimentos Populares (CMP) 60
Centro Popular de Cultura (CPC) da UNE 87
Cerveró, Nestor 86
Chaui, Marilena 61, 137
Che Guevara 136
Chesterton, Gilbert Keith 94
Chioro, Arthur 67
CNJ (Conselho Nacional de Justiça) 55
Código Florestal 155
Código Penal 30, 74, 145
Collor de Melo, Fernando 156
Collorgate 42
Comissão da Verdade 88
comunismo 26, 31, 33-4, 40, 65, 89, 137
Congresso Nacional 21, 42, 49, 53, 61, 66, 122, 138-40, 146
Conselho Nacional da Juventude 139
Constituição Brasileira 17, 30, 33, 48, 53, 67, 87-9, 115, 144
Cooper-Pam (cooperativa de transporte) 114

Copa do Mundo de Futebol 126, 130-1
corrupção 30-1, 36, 79, 97
Costa, Paulo Roberto 97
cotas raciais 28, 49, 53
CPI da Petrobras 144, 146
crack 46
Cuba 33, 41, 118
Cunha, Eduardo 81-2
Cunha, João Paulo 31, 80

D

Dantas, Daniel 36
Datafolha 13, 25, 39-40, 61, 93, 129-30
decreto n.º 8.243 121, 138, 146, 157
democracia 15, 17, 22, 26, 33, 36-7, 39-40, 42-3, 50-2, 58, 64-7, 70, 74, 82, 87, 93, 95, 97, 107, 112, 120, 137, 139-40, 144, 146-7, 149, 151, 153, 157-8
ver também representação
Dia da Consciência Negra 33
Dilma *ver* Roussef, Dilma
Dirceu, José 31, 33, 38, 79, 156
direita (orientação política) 13, 36, 39-41, 55, 66, 71, 97, 102-3, 112, 127-8, 148
distributivismo 41
ditadura 21, 31, 33, 52, 55, 66, 88, 95, 136, 157
Donadon, Natan 32, 77

E

emenda constitucional nº 26 88
Equador 41
Espinosa, Baruch de 137

Esquenta (programa de TV) 46, 78
esquerda (orientação política) 12-3, 16, 18, 27, 33-4, 36, 40-1, 46, 49, 52, 55-6, 58, 61, 71, 74, 77, 87-8, 92, 97, 100, 109, 112, 118, 127-8, 136-7, 148, 157
Estado de Direito 51-2, 88, 144
Estado Novo 88-9, 91
Estados Unidos 21, 24, 41, 85
Executivo (poder) 21, 115

F
Facebook 11, 22, 57, 92
Faculdade de Direito do Largo São Francisco 89
fascismo 18, 40, 65, 136, 148
Fernandinho Beira-Mar 126
FHC *ver* Cardoso, Fernando Henrique
Fidel Castro 112, 136
Figueiredo, João Baptista de Oliveira 136
Filho, Mário Kozel 92
Fiuza, Guilherme 12, 124
flash mobs 57
Folha de S.Paulo 11, 13, 84
Foucault, Michel 46
França, Márcio 151
Franco, Itamar 81
Fred (jogador de futebol) 132
Freitas, Janio de 71, 74, 128
Fundo Visanet 77
funk 62
Fux, Luiz 11, 22, 42

G
Gandhi, Mohandas Karamchand 136
gays 46, 49, 53
Gaza 141-3
Genoino, José 31, 34, 79
Gentili, Danilo 12, 124
Giannetti, Eduardo 25, 153-4
Gil Vicente 75
globalização 27
Goebbels, Joseph 125
Goldberg, Jonah 18
Golpe de 64 89, 90-2
Gomes, Dias 124
Goulart, João 89, 103

H
Haddad, Fernando 45-7, 58, 114, 116, 148
Hamas (Movimento de Resistência Islâmica) 141-3
Hitchcock, Alfred 72
Hitler, Adolf 125, 136, 148
Hobbes, Thomas 62-3
Holanda, Sérgio Buarque de 123

I
Iluminismo 96, 129-30, 137
imprensa 12, 14, 21-2, 28, 40, 45, 49, 55, 57, 63-5, 69-70, 102, 104, 113, 115, 122, 124-5, 127, 132, 139, 144, 147-9, 158
indígenas 51
individualismo 16, 45, 101, 120-1
Intentona Comunista 88
IPEA (Instituto de Pesquisa Econômica Aplicada) 56

Irmandade Muçulmana 22
Islã 21, 142
Israel 141-3

J
Jabor, Arnaldo 12, 124
jacobinismo 60, 155
Jango *ver* Goulart, João
Janot, Rodrigo 55
Jefferson, Roberto 30
Jesus Cristo 147
Jesus, Fabiane Maria de 105-7
Jihad 143, 147
Jinping, Xi 112
Jobim, Tom 90
Johnson, Samuel 98
Jong-un, Kim 89, 112
Jornal Nacional (programa de TV) 62, 148
Jovem Pan (rádio) 17, 71, 126, 145
Judiciário (poder) 33-4, 42, 51, 115
Justiça Eleitoral 116

K
Khomeini, Aiatolá Sayyid Ruhollah 46, 136

L
Lamarca, Carlos 91
Legislativo (poder) 21, 115, 137, 144
Lei de Responsabilidade Fiscal 155
Leitão, Miriam 11-3
Lênin, Vladimir Ilitich 26, 28, 47-49, 51, 59, 74
Lewandowski, Ricardo 31, 77, 79

Lobão (João Luiz Woerdenbag Filho) 12, 124
Lobato, Monteiro 89, 99
Lúcia, Cármen 77
Lula da Silva, Luiz Inácio 14, 24-5, 33-4, 36, 45-6, 58, 75, 79-81, 93-5, 100, 109, 117, 134, 136-7, 145, 153-4
Lula da Silva, Marisa Letícia 136
Luxemburgo, Rosa 26

M
Madureira, Marcelo 12, 124
Magnoli, Demétrio 12, 124
Mainardi, Diogo 12, 124, 144
Mais Médicos (programa de governo) 24
Malhães, Paulo 102-3
Mallarmé, Stéphane 18
manifestações de rua *ver* protestos
Mantega, Guido 108, 110, 117
Mao Tsé-tung 74, 136
Marcelo (jogador de futebol) 132-3
Marcola (Marcos William Herbas Camacho) 28, 126
Marighella, Carlos 33, 87, 91
Marina *ver* Silva, Marina
Martins, Franklin 69-70, 156
Marx, Karl 49, 95, 111, 136
marxismo 16, 27, 57, 62-3, 65
Matos, Gregório de 99
MDB (Movimento Democrático Brasileiro) 150
Mendes, Gilmar 79

Mendes Júnior, Alberto 92
Menicucci, Eleonora 74
mensalão 30, 35, 71, 75, 78-9, 87, 146
Mercadante, Aloizio 108-10
Messi, Lionel 134
Minha Casa, Minha Vida (programa de governo) 24
Ministério da Educação 47
Ministério da Saúde 67, 74, 92
Ministério Público 55
Moura, Luiz 114-6, 126, 128
MST (Movimento dos Sem Terra) 70, 127
MTST (Movimento dos Trabalhadores Sem-Teto) 127, 135, 137, 139
Musil, Robert 68

N
Nabuco, Joaquim 96
nacional-socialismo 121, 123, 125
neomarxismo 27
Neves, Aécio 39, 93, 101, 119, 129-30, 148-9, 158
Neymar (Neymar da Silva Santos Júnior) 134
Nietzsche, Friedrich 123
Nunes, Augusto 12, 124

O
O Globo (jornal) 11
OAB (Ordem dos Advogados do Brasil) 42-3, 49, 55
Orwell, George 28

P
Pacto de San José da Costa Rica 30
Padilha, Alexandre 67, 116
Palácio da Guanabara 89
Palácio do Planalto 60, 112, 144
Palácio Itamaraty 61
Palestina 141-2
Palocci, Antônio 86
Papuda (Presídio da) 34, 37, 39
patrimônio ambiental 25
PCB (Partido Comunista Brasileiro) 150
PCC (Primeiro Comando da Capital, facção criminosa) 114-5, 126
PDT (Partido Democrático Trabalhista) 137
Pereira, Heraldo 80
Pereira, Valdinete Rodrigues 72
Pessoa, Fernando 95
petismo 13-14, 21-2, 24-5, 33-4, 36, 38, 43, 58, 60-1, 64, 66-7, 79, 81-5, 93, 98-100, 109-12, 118, 123-7, 130, 136-7, 139-40, 144, 147, 152, 154-6, 158
Petrobras 82, 85-7, 92, 96-9, 144, 146, 149
PF (Polícia Federal) 36, 115
Pitta, Celso 36
Pizzolato, Henrique 75
Plano Nacional de Apoio ao Sistema Prisional 35
Plano Real 24, 155, 157
PM (Polícia Militar) 57, 63-4, 72-3, 103, 127

PMDB (Partido do Movimento Democrático Brasileiro) 54, 81-3, 96, 153
Polanski, Roman 110
polícia 55-6, 60, 62, 64, 70, 72-3, 100, 102-4, 112, 114
Polícia Especial 89
Política Nacional de Participação Social 120
PR (Partido da República) 66
Prefeitura do Rio de Janeiro 22
Primavera Árabe 21
Programa Nacional-Socialista dos Direitos Humanos 121
progressismo 16, 24, 40, 49, 55-6, 66, 77-9, 88, 140
protestos 21, 28, 55, 57-8, 60, 64, 69, 72-3, 126-7, 130
PSB (Partido Socialista Brasileiro) 54, 129, 150-1, 153
PSDB (Partido da Social Democracia Brasileira) 11, 21, 24, 43, 48, 54, 129, 151, 153-5
PSOL (Partido Socialismo e Liberdade) 11, 16, 22, 72, 74, 111
PT (Partido dos Trabalhadores) 11-3, 16, 22, 24, 28, 32, 34-7, 41-3, 45, 48, 54, 60-2, 64, 66-7, 69, 77, 80, 82, 93, 98-101, 109-12, 114, 116, 119, 122-4, 126-8, 138-40, 144, 147, 151, 153-7

R
Rabello, Kátia 79
racismo 33, 61, 78-9
Rand, Ayn 26
reacionarismo 27, 46-7, 56, 63, 65, 104, 110, 124, 127, 154
Rede Sustentabilidade 25, 150
redes sociais 12, 28, 58, 69, 99-100, 132, 134
Reino Unido 41
Repórteres Sem Fronteiras 12-3, 128
representação 21, 93, 120, 139, 146, 157
Requião, Roberto 96-8
Ricardo, Sérgio 93
Robespierre, Maximilien de 29, 37, 111
Rocha, Glauber 93
Roda Viva (programa de TV) 25
rolezinhos 57-61, 63-4, 127
Rosenberg Associados 147
Rousseff, Dilma 22, 24-5, 33, 39, 44-5, 60, 70, 75, 81-2, 84, 85-7, 90-5, 100-1, 107-11, 113, 115, 117-20, 122-4, 127-31, 134, 138-9, 142, 147, 149, 157-8
Roxin, Claus 31

S
Safatle, Vladimir 72-3
sans-culottes 137
Santana, João 109, 131
Santander (banco) 147
Sarney, José 54, 81
Sartre, Jean-Paul 28, 34

Schopenhauer, Arthur 75
Secom (Secretaria de Comunicação Social) 70
Secretaria de Políticas para as Mulheres 74
Secretaria de Relações Institucionais 144
Secretaria-Geral da Presidência 60
Silva, Marina 16, 25, 150-8
Silva, Thiago (jogador de futebol) 134
Singer, Suzana 11, 13
Soares, Delúbio 30-1, 75, 156
socialismo 16, 27, 34, 47, 49, 135, 137, 148
Soros, George 27
Stálin, Josef 37, 45, 74, 148, 158
stalinista 113
STF (Supremo Tribunal Federal) 22, 30-3, 36, 42, 44, 48-51, 53, 67, 75, 78, 82, 96, 140
Suplicy, Marta 114, 116

T
Tatto, Jilmar 114
Teoria do Domínio do Fato 31
Terêncio (Públio Terêncio Afro) 105
Tiradentes (Joaquim José da Silva Xavier) 136
Titãs, Os (banda) 135
Toffoli, Dias 77
Tolentino, Bruno 63
Tranchesi, Eliana 36
Transcooper (cooperativa de transporte) 114

Tribunal de Segurança Nacional 89
Trótski, Leon 37, 74, 135
tucanismo 14, 25, 64, 93, 109, 119, 129, 148-9
Tuma Jr., Romeu 82

U
UERJ (Universidade do Estado do Rio de Janeiro) 49
USP (Universidade de São Paulo) 31, 52, 63, 90

V
Valor Econômico (jornal) 95
Vannuchi, Paulo 33
Vargas, André 66, 92
Vargas, Getúlio 33, 88-9
VAR-Palmares (Vanguarda Armada Revolucionária Palmares) 87
Veja (revista) 17, 31, 60, 74, 88, 121-2, 125, 134, 136, 142-3, 145
Veloso, Caetano 28
Venezuela 41
Viana, Tião 151
Vieira, Padre Antonio 34-5, 77, 145
Virgílio (Públio Virgílio Marão) 136

W
Wagner, Jaques 86

Z
Zavascki, Teori 31, 76
Žižek, Slavoj 27
Zuhri, Sami Abu 143

Este livro foi composto na fonte Albertina
e impresso em dezembro de 2014 pela Corprint,
sobre papel pólen soft 80 g/m².